비즈니스 영어
필드 매뉴얼 10

비즈니스 영어
필드 매뉴얼 10

초판 1쇄 발행 2025년 12월 9일

지은이 클레어(서유진)
펴낸곳 (주)에스제이더블유인터내셔널
펴낸이 양홍걸 이시원

홈페이지 www.siwonschool.com
주소 서울시 영등포구 영신로 166 시원스쿨
교재 구입 문의 02)2014-8151
고객센터 02)6409-0878

ISBN 979-11-7550-547-6 13740
Number 1-010808-32329900-08

이 책은 저작권법에 따라 보호받는 저작물이므로 무단복제와 무단전재를 금합니다. 이 책 내용의 전부 또는 일부를 이용하려면 반드시 저작권자와 ㈜에스제이더블유인터내셔널의 서면 동의를 받아야 합니다.

Business English
Field Manual 10

비즈니스 영어
필드 매뉴얼 10

클레어(서유진) 지음

저자의 말

회사에서 처음 영어 이메일을 보낼 때, 'Dear'로 시작해야 할지 'Hi'로 시작해야 할지 망설였던 적 있으실 겁니다. 회의 중 누군가 "Let's take this offline(이건 지금 말고 따로 이야기합시다)."이라고 말했을 때, '지금 당장 대화를 끝내자는 건가?' 하고 순간 당황했던 경험도 있으실 겁니다. 이 책은 바로 그런 순간, 영어 표현의 정확한 의미와 실제 업무 맥락 사이에서 길을 잃지 않도록 돕기 위해 쓰였습니다. 사전에서 찾은 해석이 아니라, **실제 일터에서 부딪히며 얻은 영어**를 담았습니다.

저는 강사로, 통역사로, MC로 일하며 수많은 현장을 지나왔습니다. VIP 해외 순방을 동행하고, 정부 부처에서 장관님의 공식 발언을 통역하며, 기업 미팅에서 해외 바이어와 한국 팀 사이를 오가던 순간마다 하나의 사실을 깊이 실감했습니다. 영어는 '언어 실력' 이전에 '순간의 용기'와 '표현의 감각'이라는 것입니다. 같은 내용을 말하더라도 어떤 표현을 선택하는지에 따라 회의장의 공기가 확 달라지곤 했습니다.

특히 업무에서는 누가 상사인지, 누가 팀원인지, 어떤 분위기인지에 따라 영어가 달라집니다. 말투의 높낮이, 캐주얼과 포멀의 정도, 표현 속에 담긴 태도는 상황과 관계에 따라 섬세하게 달라져야 합니다. 이 책은 바로 그 '미묘한 차이'를 실제 업무 흐름에 따라 자연스럽게 익힐 수 있도록 만든 매뉴얼입니다.

이 책은 단순한 표현 목록이 아닙니다. 실제 기업 교육과 통역 현장에서 가장 자주 들었던 상황들을 모아 **'바로 써먹는 비즈니스 영어'로 재구성한 매뉴얼**입니다. 화상회의 오프닝 멘트, 발표 중 질문을 받는 순간, 이메일 첫 문장을 고민하는 시간, 협상 테이블에서 말 한마디를 고르는 감각까지 현장에서 반복적으로 마주치는 상황들을 짧은 대화와 바로 활용 가능한 문장으로 정리했습니다. 매뉴얼 하나씩 가볍게 읽다 보면, 자연스럽게 그 장면이 머릿속에 그려지고, 실제 업무에서도 손쉽게 활용하실 수 있을 겁니다.

강의를 하면서 많은 직장인들에게서 공통적으로 들은 고민이 있습니다. 대부분은 '영어를 모르는 것'이 아니라, 필요한 순간에 표현이 바로 떠오르지 않는 것에서 어려움을 느낀다는 점입니다. 머릿속에는 어렴풋이 떠오르는데 입이 먼저 움직이지 않는 그 3초의 공백. **이 책은 바로 그 3초를 메워주는 cheat sheet(핵심 요약본)입니다.** 상황만 보면 바로 연결되는 표현, 말하고 싶은 의도에 맞게 골라 쓸 수 있는 톤, 현장에서 실제로 쓰였던 말들을 체계적으로 담았습니다.

짧은 표현 한 줄이지만 그 안에는 수십 번의 실수, 배움, 그리고 현장의 숨결이 쌓여 있습니다. 영어를 잘하는 사람보다 **'영어로 일할 줄 아는 사람'**이 오래 갑니다. 그리고 그 시작은 거창한 공부가 아니라, 오늘 당장 써볼 수 있는 한 문장입니다.

커피 한 잔과 함께 하루에 매뉴얼 하나씩 가볍게 읽어보세요. 언젠가 외국인 동료 혹은 친구가 "Wow, you sound so natural."(와, 너 엄청 자연스럽게 말한다!)라고 말할 때, 조용히 미소 지으며 이렇게 답하실 수 있을 것입니다.

"I picked this up from Claire."(클레어에게 배운 표현이야.)

이 책의 구성

이 책은 비즈니스 환경에서 가장 자주 마주하는 화상회의, 프레젠테이션, 이메일, 설득과 협상 네 가지 영역을 중심으로 구성되어 있습니다. 각 영역은 10개의 실전 매뉴얼로 이루어져 있으며, 실제 업무 흐름을 따라가듯 표현을 익힐 수 있도록 설계했습니다.

Step 1 핵심 포인트 & 핵심 문장 미리보기

매뉴얼의 첫 페이지에서는 이번에 다룰 실무 흐름을 설명하는 핵심 포인트, 그리고 한눈에 학습 방향을 잡을 수 있도록 핵심 문장 3개를 미리 제시합니다. '이번 매뉴얼에서 무엇을 배우는지' 큰 흐름을 파악합니다.

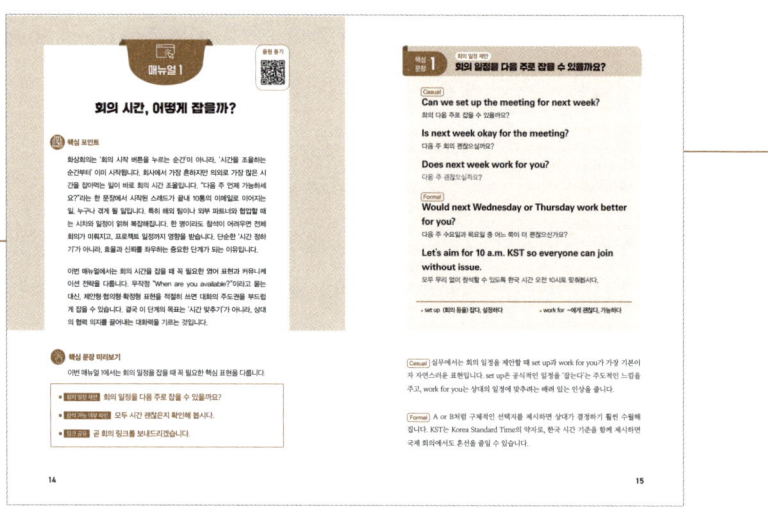

Step 2 핵심 문장 [1], [2], [3]

각 핵심 문장은 5개씩 학습할 수 있고, 캐주얼과 포멀 버전으로 확인할 수 있습니다. 이를 통해 실제 비즈니스 환경에서 상황과 톤에 맞게 표현을 사용하는 법을 익힐 수 있습니다. 상황별로 어떤 문장을 선택해야 하는지 감을 잡습니다.

[Casual] 흔하고 자연스러운 일상적인 톤의 문장
[Formal] 공식 문서·이메일에서 사용하는 격식 있는 문장

Step 3 리얼 비즈니스

앞에서 배운 핵심 문장 3개가 자연스럽게 등장하는 실제 비즈니스 대화문 또는 이메일을 제공합니다. 화상회의·프레젠테이션·이메일·설득&협상에서 실제 업무 진행 흐름을 그대로 반영했습니다. '이 표현이 이런 흐름에서 쓰이는구나'를 즉시 확인할 수 있으며, 실전 감각을 완성합니다.

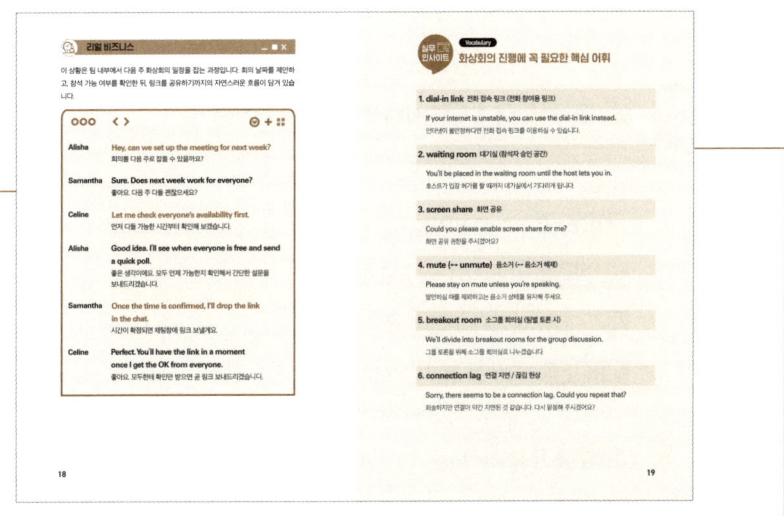

Step 4 실무 인사이트

비즈니스 현장에서 반드시 알아야 할 어휘, 문화적 차이, 업무 매너와 팁을 제공합니다. 현장에서 겪어온 작은 오해들과 그때 배운 점들을 담았습니다. 실제 업무에서 자주 마주치는 디테일을 챙겨 진짜 현장에서 통하는 업무 대응력까지 갖출 수 있도록 합니다.

CONTENTS

저자의 말   4
이 책의 구성   6

 화상회의 | Online Meeting

준비하기 Preparing

매뉴얼 1	회의 시간, 어떻게 잡을까?	14
매뉴얼 2	아젠다 사전에 공유하기	20
매뉴얼 3	회의 전 체크! 참석자 확인 & 자료 전달	26

진행하기 Running

매뉴얼 4	회의 시작 멘트, 어떻게 해야 할까?	32
매뉴얼 5	오늘 회의 목적부터 분명히 말하기	38
매뉴얼 6	소리가 안 들리거나 화면이 안 보일 때 대처하기	44
매뉴얼 7	내 의견·자료 제대로 전달하기	50
매뉴얼 8	질문하고 의견 조율하기	56

정리하기 Wrapping Up

| 매뉴얼 9 | 결정사항 딱 정리하고 책임자 지정하기 | 62 |
| 매뉴얼 10 | 마지막 인사와 후속 안내하기 | 68 |

프레젠테이션 | Presentation

시작하기 Opening

매뉴얼 1	발표 첫 멘트, 어떻게 시작하지?	76
매뉴얼 2	청중에게 오늘 발표 흐름 보여주기	82
매뉴얼 3	청중의 시선을 끌려면 어떻게 할까?	88

전개하기 Developing

매뉴얼 4	핵심 메시지 딱 전달하기	94
매뉴얼 5	근거와 사례로 설득하기	100
매뉴얼 6	청중과 소통 이어가기	106
매뉴얼 7	발표 내용 한눈에 정리하기	112

마무리하기 Closing

매뉴얼 8	마지막에 꼭 강조할 포인트 리마인드하기	118
매뉴얼 9	질문과 답변 매끄럽게 처리하기	124
매뉴얼 10	발표 마무리와 감사 인사	130

PART 3 이메일 | Email

도입하기 Beginning

매뉴얼 1	메일 첫인사, 어떻게 시작하지?	138
매뉴얼 2	메일 보낸 이유, 바로 밝히기	144
매뉴얼 3	오늘 메일 핵심 주제 알려주기	150

본문 쓰기 Writing

매뉴얼 4	부탁이나 제안할 때 쓰는 표현	156
매뉴얼 5	내 입장·의견을 분명히 전하기	162
매뉴얼 6	문제가 생겼을 때 설명하는 법	168
매뉴얼 7	세부사항 확인·추가 자료 요청하기	174

끝맺기 Closing

매뉴얼 8	일정 다시 잡고 후속 안내하기	180
매뉴얼 9	끝맺음 인사와 감사 전하기	186
매뉴얼 10	답변이 없을 때 다시 메일하기	192

설득과 협상 | Persuasion & Negotiation

시작하기 Opening

매뉴얼 1	협상 첫 만남, 어떻게 분위기를 풀까?	200
매뉴얼 2	오늘 협상의 의제와 목적 정리하기	206
매뉴얼 3	상대방 의견, 어떻게 경청하고 공감하지?	212

설득하기 Persuading

매뉴얼 4	우리 조건 제안하기	218
매뉴얼 5	근거와 데이터로 설득하기	224
매뉴얼 6	의견 차이, 부드럽게 조율하려면?	230
매뉴얼 7	양보안 제시하고 균형 맞추기	236

마무리하기 Closing

매뉴얼 8	합의점 도출·최종 확인하기	242
매뉴얼 9	후속 조치와 담당자 정리하기	248
매뉴얼 10	협상 마무리, 신뢰를 남기려면?	254

The Power of Online Meeting

처음으로 해외 파트너와 온라인으로
협상 미팅을 진행했던 날 신선한 충격이었습니다.

카메라 속 서로의 표정이 반 박자씩 어긋나고,
작은 음성 지연 때문에 웃음 타이밍도 달랐습니다.

온라인 미팅에서는 때로 완벽한 문장보다
상대방의 속도를 맞추는 태도와 표현이 더 중요합니다.

From the Field
In an online business meeting

PART 01

화상회의 | Online Meeting

준비하기 Preparing	매뉴얼 1	회의 시간, 어떻게 잡을까?
	매뉴얼 2	아젠다 사전에 공유하기
	매뉴얼 3	회의 전 체크! 참석자 확인 & 자료 전달
진행하기 Running	매뉴얼 4	회의 시작 멘트, 어떻게 해야 할까?
	매뉴얼 5	오늘 회의 목적부터 분명히 말하기
	매뉴얼 6	소리가 안 들리거나 화면이 안 보일 때 대처하기
	매뉴얼 7	내 의견·자료 제대로 전달하기
	매뉴얼 8	질문하고 의견 조율하기
정리하기 Wrapping Up	매뉴얼 9	결정사항 딱 정리하고 책임자 지정하기
	매뉴얼 10	마지막 인사와 후속 안내하기

매뉴얼 1

음원 듣기

회의 시간, 어떻게 잡을까?

 핵심 포인트

화상회의는 '회의 시작 버튼을 누르는 순간'이 아니라, '시간을 조율하는 순간부터' 이미 시작됩니다. 회사에서 가장 흔하지만 의외로 가장 많은 시간을 잡아먹는 일이 바로 회의 시간 조율입니다. "다음 주 언제 가능하세요?"라는 한 문장에서 시작된 스레드가 끝내 10통의 이메일로 이어지는 일, 누구나 겪게 될 일입니다. 특히 해외 팀이나 외부 파트너와 협업할 때는 시차와 일정이 얽혀 복잡해집니다. 한 명이라도 참석이 어려우면 전체 회의가 미뤄지고, 프로젝트 일정까지 영향을 받습니다. 단순한 '시간 정하기'가 아니라, 효율과 신뢰를 좌우하는 중요한 단계가 되는 이유입니다.

이번 매뉴얼에서는 회의 시간을 잡을 때 꼭 필요한 영어 표현과 커뮤니케이션 전략을 다룹니다. 무작정 "When are you available?"이라고 묻는 대신, 제안형·협의형·확정형 표현을 적절히 쓰면 대화의 주도권을 부드럽게 잡을 수 있습니다. 결국 이 단계의 목표는 '시간 맞추기'가 아니라, 상대의 협력 의지를 끌어내는 대화력을 기르는 것입니다.

 핵심 문장 미리보기

이번 매뉴얼 1에서는 회의 일정을 잡을 때 꼭 필요한 핵심 표현을 다룹니다.

- `회의 일정 제안` 회의 일정을 다음 주로 잡을 수 있을까요?
- `참석 가능 여부 확인` 모두 시간 괜찮은지 확인해 봅시다.
- `링크 공유` 곧 회의 링크를 보내드리겠습니다.

핵심문장 1 — 회의 일정 제안
회의 일정을 다음 주로 잡을 수 있을까요?

Casual

Can we set up the meeting for next week?
회의 다음 주로 잡을 수 있을까요?

Is next week okay for the meeting?
다음 주 회의 괜찮으실까요?

Does next week work for you?
다음 주 괜찮으실까요?

Formal

Would next Wednesday or Thursday work better for you?
다음 주 수요일과 목요일 중 어느 쪽이 더 괜찮으신가요?

Let's aim for 10 a.m. KST so everyone can join without issue.
모두 무리 없이 참석할 수 있도록 한국 시간 오전 10시로 맞춰봅시다.

- set up (회의 등을) 잡다, 설정하다
- work for ~에게 괜찮다, 가능하다

Casual 실무에서는 회의 일정을 제안할 때 set up과 work for you가 가장 기본이자 자연스러운 표현입니다. set up은 공식적인 일정을 '잡는다'는 주도적인 느낌을 주고, work for you는 상대의 일정에 맞추려는 배려 있는 인상을 줍니다.

Formal A or B처럼 구체적인 선택지를 제시하면 상대가 결정하기 훨씬 수월해집니다. KST는 Korea Standard Time의 약자로, 한국 시간 기준을 함께 제시하면 국제 회의에서도 혼선을 줄일 수 있습니다.

핵심 문장 2

[참석 가능 여부 확인]
모두 시간 괜찮은지 확인해 봅시다.

[Casual]
Let me check everyone's availability.
다들 가능한 시간 확인해 보겠습니다.

I'll see when everyone is free.
모두 언제 가능한지 알아보겠습니다.

Let's find a time that works for everyone.
모두 가능한 시간 찾아보겠습니다.

When are you available this week?
이번 주 언제 가능하신가요?

[Formal]
Let's find a time that works for everyone to review the final draft.
최종 초안을 검토하기 위해 모두 가능한 시간을 찾아봅시다.

- availability (사람의) 가능한 시간, 일정
- available 가능한

[Casual] check everyone's availability는 '모두의 가능한 시간을 확인하겠다'는 뜻이고, see when everyone is free는 팀 내부에서 또는 빠른 협의 상황에서 사용됩니다. When are you available ~?은 가능 시간을 직접 묻는 실용적인 질문입니다.

[Formal] to review the final draft처럼 구체적인 목적을 덧붙이면 회의 목적이 한층 명확해지고, 상황에 맞게 자연스러운 대화를 이끄는 실무 감각을 기를 수 있습니다.

핵심문장 3 　링크 공유
곧 회의 링크를 보내드리겠습니다.

[Casual]

You'll have the link in a moment.
금방 링크 받아보실 수 있어요.

You'll get the meeting link shortly.
곧 회의 링크 받으실 거예요.

I'll drop the link in a moment.
잠시 후에 링크 보내드리겠습니다.

[Formal]

Here's the meeting link. We'll start right on time, so please join a few minutes early.
회의 링크입니다. 정시에 시작할 예정이니 몇 분 일찍 접속 부탁드립니다.

Here's the link for today's call. Please make sure your mic and camera are working before joining.
오늘 회의 링크입니다. 접속 전에 마이크와 카메라가 잘 작동하는지 확인해 주세요.

- drop (메신저 등에) ~를 보내다

[Casual] You'll have the link ~는 이미 준비된 링크를 곧 공유하겠다는 신속한 대응을 보여주고, You'll get the meeting link ~는 회의 초대나 안내 메일에 사용됩니다. 반면 drop the link는 메신저나 사내 채팅에서 자연스럽게 쓰입니다.

[Formal] Here's the meeting link/Here's the link for today's call은 링크를 전달하며 접속 시간이나 장비 확인 등 간단한 안내를 덧붙일 때 유용하며, 단순히 링크만 보내기보다 회의의 안건을 함께 덧붙이면 훨씬 프로페셔널한 인상을 줍니다.

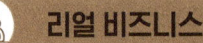 리얼 비즈니스

이 상황은 팀 내부에서 다음 주 화상회의 일정을 잡는 과정입니다. 회의 날짜를 제안하고, 참석 가능 여부를 확인한 뒤, 링크를 공유하기까지의 자연스러운 흐름이 담겨 있습니다.

Alisha Hey, can we set up the meeting for next week?
회의를 다음 주로 잡을 수 있을까요?

Samantha Sure. Does next week work for everyone?
좋아요. 다음 주 다들 괜찮으세요?

Celine Let me check everyone's availability first.
먼저 다들 가능한 시간부터 확인해 보겠습니다.

Alisha Good idea. I'll see when everyone is free and send a quick poll.
좋은 생각이에요. 모두 언제 가능한지 확인해서 간단한 설문을 보내드리겠습니다.

Samantha Once the time is confirmed, I'll drop the link in the chat.
시간이 확정되면 채팅창에 링크 보낼게요.

Celine Perfect. You'll have the link in a moment once I get the OK from everyone.
좋아요. 모두한테 확인만 받으면 곧 링크 보내드리겠습니다.

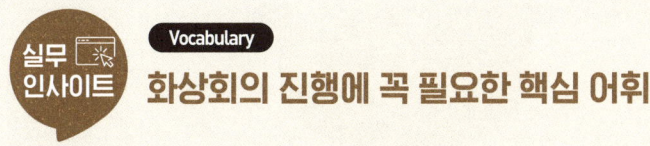

화상회의 진행에 꼭 필요한 핵심 어휘

1. dial-in link 전화 접속 링크 (전화 참여용 링크)

If your internet is unstable, you can use the dial-in link instead.
인터넷이 불안정하다면 전화 접속 링크를 이용하실 수 있습니다.

2. waiting room 대기실 (참석자 승인 공간)

You'll be placed in the waiting room until the host lets you in.
호스트가 입장 허가를 할 때까지 대기실에서 기다리게 됩니다.

3. screen share 화면 공유

Could you please enable screen share for me?
화면 공유 권한을 주시겠어요?

4. mute (↔ unmute) 음소거 (↔ 음소거 해제)

Please stay on mute unless you're speaking.
발언하실 때를 제외하고는 음소거 상태를 유지해 주세요.

5. breakout room 소그룹 회의실 (팀별 토론 시)

We'll divide into breakout rooms for the group discussion.
그룹 토론을 위해 소그룹 회의실로 나누겠습니다.

6. connection lag 연결 지연 / 끊김 현상

Sorry, there seems to be a connection lag. Could you repeat that?
죄송하지만 연결이 약간 지연된 것 같습니다. 다시 말씀해 주시겠어요?

매뉴얼 2

음원 듣기

아젠다 사전에 공유하기

 핵심 포인트

회의 일정이 확정되었다면, 이제는 참석자들이 미리 준비할 수 있도록 아젠다를 공유할 차례입니다. 회의가 비효율적으로 느껴지는 가장 큰 이유 중 하나는 참석자들이 준비되지 않은 상태로 들어오기 때문입니다. 누군가는 회의 목적을 모르고, 누군가는 자료를 처음 보며 즉흥적으로 의견을 냅니다. 그 결과 논의가 빙빙 돌고, 결론 없이 끝나는 경우가 많죠. 특히 화상회의에서는 서로의 표정이나 분위기를 읽기 어려워 주제가 흐트러지고, 집중력이 떨어지기 쉽습니다.

미리 주요 안건을 전달해두면 참석자들은 생각을 정리하고, 필요한 자료나 질문을 준비할 수 있습니다. 회의 중에는 자연스럽게 시간 관리가 쉬워지고, 논의가 핵심으로 집중됩니다. 이번 매뉴얼에서는 단순히 '의제 공유'를 넘어, 참석자에게 회의의 방향성과 목적을 명확히 제시하는 표현을 배워보겠습니다.

 핵심 문장 미리보기

이번 매뉴얼 2에서는 회의 전 아젠다를 공유할 때 필요한 핵심 표현을 다룹니다.

- `회의 아젠다 안내` 회의 아젠다는 아래와 같습니다.
- `안건 추가 요청` 혹시 추가하고 싶은 안건 있으신가요?
- `사전 자료 공유` 참고용으로 미리 공유드립니다.

핵심 문장 1 — 회의 아젠다 안내

회의 아젠다는 아래와 같습니다.

Casual

Here's the agenda for the meeting.
이번 회의 아젠다는 아래와 같습니다.

This is what we'll be covering in the meeting.
회의에서 다룰 내용은 다음과 같습니다.

Here's the agenda for tomorrow's meeting— product update and marketing plan.
내일 회의 아젠다는 제품 업데이트와 마케팅 계획입니다.

Formal

The meeting agenda is as follows.
회의 아젠다는 다음과 같습니다.

Please review the agenda beforehand so we can use our time efficiently.
효율적인 논의를 위해 아젠다를 미리 검토 부탁드립니다.

- cover 다루다, 설명하다
- ~ is as follows ~은 다음과 같습니다

Casual Here's the agenda for the meeting은 대표적으로 회의의 틀을 잡아주고, This is what we'll be covering은 팀 회의나 발표에서 자연스럽습니다. 구체적인 일정이나 주제를 함께 제시하면 회의 목적이 더욱 명확해집니다.

Formal ~ is as follows는 이메일이나 공식 문서에서 회의 아젠다를 소개할 때 자주 쓰이는 형식적인 표현입니다. Please review the agenda beforehand는 사전 검토를 요청해 회의의 효율을 높여주는 마무리 문장입니다.

핵심 문장 2

안건 추가 요청
혹시 추가하고 싶은 안건 있으신가요?

[Casual]

Is there anything you'd like to add to the agenda?
아젠다에 추가하고 싶은 게 있으실까요?

Let me know if you have anything to add.
추가하실 내용이 있다면 말씀 부탁드립니다.

Feel free to suggest any topics.
다룰 주제는 얼마든지 제안해 주셔도 됩니다.

[Formal]

You're welcome to share any topics you'd like to discuss before the call.
회의 전에 논의하고 싶은 주제가 있다면 언제든 제안해 주세요.

If there's anything you'd like me to cover during the session, please let me know in advance.
회의 중 다뤄졌으면 하는 내용이 있다면 미리 말씀 부탁드립니다.

- Let me know 말씀해 주세요, 알려주세요
- feel free to V 얼마든지 ~하셔도 됩니다

[Casual] Is there anything ~?는 정중하면서도 의견을 자연스럽게 묻는 표현이고, Let me know if ~는 내부 팀 간 메신저나 짧은 메일에서 자주 쓰이는 실무형 문장입니다. Feel free to suggest ~는 상대의 자유로운 참여를 유도할 때 유용합니다.

[Formal] You're welcome to share ~는 사전 제안을 유도해 회의 준비에 효과적이며, If there's anything you'd like me to cover ~는 진행자가 참가자 의견을 반영하겠다는 의지를 보여줍니다.

핵심문장 3 — 사전 자료 공유
참고용으로 미리 공유드립니다.

[Casual]

Sharing this in advance for your reference.
참고하실 수 있도록 미리 공유드립니다.

Here's the agenda for your review.
검토하실 수 있도록 아젠다를 공유드립니다.

Please take a look before the meeting.
회의 전에 한번 살펴봐 주시면 감사하겠습니다.

[Formal]

Let's stay focused on the key items we agreed on.
합의된 주요 안건에 집중해 논의를 진행해봅시다.

I'm sharing the agenda in advance so everyone knows what to expect.
회의 내용을 미리 파악할 수 있도록 안건을 사전에 공유드립니다.

- in advance 사전에, 미리
- take a look (간단히) 보다, 검토하다, 살펴보다

[Casual] Sharing this in advance ~는 사내 공지나 이메일에서 쓰이는 대표적인 문장이며, Here's the agenda for ~는 내용을 검토하길 바랄 때 쓰는 표현입니다. Please take a look ~은 메신저나 비공식 대화에서 확인을 유도할 때 적합합니다.

[Formal] Let's stay focused on ~은 논의의 초점을 맞출 때 사용하는 실무용 표현이고, I'm sharing the agenda ~은 회의 내용을 사전에 공유해 참석자가 미리 방향을 파악하도록 돕는 문장입니다.

 리얼 비즈니스

이 상황은 Josh가 회의 아젠다를 사전에 공유하며 팀원들과 내용을 확인하는 장면입니다. 회의 전 이메일이나 메신저에서 자주 오가는 실무 대화입니다.

Josh Hello everyone. **Here's the agenda for the meeting.**
안녕하세요 여러분, 이번 회의 아젠다는 아래와 같습니다.

Melinda Got it. **Please take a look before the meeting.**
확인했습니다. 회의 전에 한 번 봐주세요.

Christopher Thanks for sharing it in advance.
미리 공유해 주셔서 감사합니다.

Josh No problem. **Let me know if you have anything to add.**
별말씀을요. 추가하실 내용 있으시면 말씀 부탁드립니다.

Melinda Looks good to me. Nothing to add from my side.
괜찮아 보여요. 저는 추가할 내용 없습니다.

Christopher Same here. Let's go with this agenda.
저도 같습니다. 이대로 진행하겠습니다.

 **Manner & Tip**

실무자들이 자주 놓치는 화상회의 매너 TOP 5

1. 아젠다는 참석자 기준으로 작성하기

좋은 아젠다는 주최자의 전달 목록이 아니라 참석자가 준비할 수 있는 안내서입니다. 누가, 무엇을, 얼마나 이야기할지까지 명확히 적으면 회의 집중도가 두 배로 높아집니다.

 회의 목적·담당자·예상 시간을 함께 명시해 '참여형 아젠다'로 구성하세요.

2. 링크만 보내지 말고, 회의 목적을 함께 명시하기

화상회의 초대 메일이나 채팅 메시지에 링크만 덜렁 붙이면 초대 의도가 불분명해집니다. 한 줄이라도 이번 회의의 목적을 함께 적으면 상대가 마음의 준비를 하고 참여할 수 있습니다.

 링크 메시지에 한 줄의 목적을 추가하세요.

3. 회의 시작 전, 미리 질문을 받는 메일을 보내기

참석자가 사전에 궁금한 점이나 확인할 내용을 미리 공유하면, 실제 회의 시간은 훨씬 짧고 명확해집니다.

 If you have any questions or points to discuss, please share them in advance처럼 사전 질문 요청 문장을 미리 보내면 참석자 참여도가 높아집니다.

4. 아젠다 전달 시 제목에 날짜와 주제를 꼭 함께 넣기

회의 제목만 보고도 한눈에 식별할 수 있어야 합니다. "Meeting"과 같은 짧은 제목보다는 [Project Kick-off Meeting for May 3_Design Team]처럼 구조화된 제목이 가장 좋습니다.

 메일 제목이나 아젠다 제목에 날짜와 주제를 함께 넣으세요.

5. 회의 전, '파일 첨부'보다 '핵심 페이지' 안내하기

긴 보고서 전체를 첨부하는 대신, 어떤 페이지를 중심으로 볼지 미리 알려주면 참석자는 준비 시간을 줄이고 정확한 부분에 집중할 수 있습니다.

 Please review pages 4-6 before the meeting처럼 구체적으로 안내하세요.

매뉴얼 3

회의 전 체크! 참석자 확인 & 자료 전달

 핵심 포인트

회의 전 아젠다로 '방향'을 잡았다면, 이제 그 방향을 실행으로 옮길 차례입니다. 회의 시작 직전, "혹시 Claire님은 접속하셨나요?", "그 자료 지금 공유 가능한가요?" 이런 말들이 오가면서 분위기가 어색해지는 상황을 겪은 적 있으실 겁니다. 참석자 확인이 늦어지면 회의가 제때 시작되지 않고, 자료 준비가 부족하면 논의가 겉돌기 쉽습니다. 단 5분의 준비 부족이 회의 전체의 흐름을 흔들어 버릴 수 있습니다.

그래서 회의 전 체크(Pre-meeting check)는 단순한 절차가 아니라 '회의의 완성도를 결정짓는 핵심 단계'입니다. 참석자 명단, 발표자 역할, 그리고 사전에 공유된 자료 여부를 미리 점검해 두면 회의의 신뢰도와 집중도가 눈에 띄게 높아집니다. 특히 온라인 회의에서는 '링크 접속 확인'과 '파일 공유 테스트'까지 포함해야 합니다.

 핵심 문장 미리보기

이번 매뉴얼 3에서는 화상회의 전 반드시 확인해야 하는 참석자 점검과 자료 공유와 관련된 표현을 다룹니다.

- `참석자 확인` 참석자 명단 확인해 주실 수 있나요?
- `최종 자료 전달` 회의 자료를 미리 공유드리겠습니다.
- `자료 확인 요청` 자료 확인 부탁드립니다.

핵심 문장 1 · 참석자 확인

참석자 명단 확인해 주실 수 있나요?

Casual

Can you check the attendee list?
참석자 명단 확인해 주실 수 있나요?

Just confirming who's joining the meeting.
참석자만 확인 하려고 합니다.

If there's a last-minute change, share it right away.
참석자 변경이 있다면 즉시 공유하세요.

Formal

Is the final list of participants ready?
최종 참석자 명단이 준비되어 있나요?

Confirming attendees beforehand helps meetings start smoothly.
회의 전 참석자를 확인하면 회의가 원활하게 시작됩니다.

- attendee 참석자
- confirm 확인하다, 확정하다
- join 참석하다, 참여하다

Casual attendee list는 공식적이거나 문서화된 명단을 확인할 때, confirm who's joining은 화상회의 전 캐주얼한 대화나 메신저에서 자연스럽게 사용됩니다. last-minute change는 참석자 변동이 생겼을 때 즉시 공유하라는 뉘앙스를 담습니다.

Formal final list of participants는 초대 대상이 확정되었는지 묻는 격식 있는 표현으로 대규모 미팅이나 외부 협력사 회의에 적합합니다. Confirming attendees beforehand는 참석자 확인의 중요성을 강조해 줍니다.

27

핵심문장 2
최종 자료 전달
회의 자료를 미리 공유드리겠습니다.

Casual

I'm sharing the meeting materials in advance.
회의 자료를 미리 공유드립니다.

Here's the deck we'll use during the meeting.
회의 중 사용할 자료를 공유드립니다.

Please review pages 5–7 before the call.
We'll start with those sections first.
회의 전 5–7페이지를 확인해 주세요. 해당 부분부터 논의할 예정입니다.

Formal

Please find the attached file for the meeting.
회의 관련 파일을 첨부드리오니 확인 부탁드립니다.

I'm sharing the slides early so everyone can come prepared.
모두가 준비된 상태로 참여할 수 있도록 자료를 미리 공유드립니다.

- in advance 미리, 사전에
- deck (회의용) 슬라이드 자료

Casual in advance는 수신자가 내용을 미리 검토할 수 있도록 배려하는 표현입니다. deck은 글로벌 비즈니스 환경에서 자주 사용됩니다. 파일만 첨부하기보다 어떤 부분을 중점적으로 봐야 하는지 함께 안내하면 훨씬 효과적입니다.

Formal Please find the attached file은 이메일에서 가장 공식적인 표현이며, early so everyone can come prepared는 참석자들이 충분히 준비할 수 있도록 돕는 책임감 있는 어조입니다.

핵심 문장 3

[자료 확인 요청]
자료 확인 부탁드립니다.

[Casual]

Let me know if you have any trouble opening the file.
파일 여는 데 문제가 있으시면 말씀 부탁드립니다.

Feel free to reach out if you have questions.
궁금한 점 있으면 언제든지 말씀 주세요.

If the file is updated later, resend it with a short note.
자료가 수정될 경우, 짧은 메모와 함께 다시 공유하세요.

[Formal]

Please review the materials before the meeting.
회의 전에 자료를 검토해 주시면 감사하겠습니다.

Please review the deck by Thursday so we can finalize it on time.
목요일까지 자료를 검토해 주시면 제때 마무리할 수 있습니다.

- reach out 연락하다, 문의하다
- materials 자료

[Casual] Let me know if ~은 파일 접근 문제를 미리 방지하는 표현이며, Feel free to reach out은 열린 커뮤니케이션의 뉘앙스를 전달합니다. If the file is updated later는 자료 수정 시, 재공유하라는 의미로 업무의 효율성을 유지하는 표현입니다.

[Formal] Please review the materials before the meeting은 가장 기본적이고 격식 있는 표현으로, 사전 준비를 자연스럽게 유도합니다. 또한, by Thursday처럼 검토 기한을 명확히 제시해 실무 효율을 높여 줍니다.

리얼 비즈니스

이 상황은 회의 직전에 Samantha가 화상회의 참석자와 자료 공유를 점검하는 장면입니다. 참석자 명단 확인부터 자료 전달, 파일 확인 요청까지 실제 회의 전 체크 과정에서 자주 오가는 대화를 담았습니다.

Samantha Hey Alex, can you check the attendee list for today's call?
Alex, 오늘 화상회의 참석자 명단 확인해 주실 수 있나요?

Alex Sure. Just confirming who's joining the meeting, we have five people so far.
물론이죠. 확인 결과 현재까지 다섯 분이 참석 예정입니다.

Samantha Perfect. I'm sharing the meeting materials in advance.
좋습니다. 회의 자료를 미리 공유드리겠습니다.

Alex Got it. Please review the materials before the meeting if you have time.
알겠습니다. 시간 되실 때 회의 전에 자료를 검토해 주시면 감사하겠습니다.

Samantha And let me know if you have any trouble opening the file.
파일 여는 데 문제가 있으시면 말씀 주세요.

Alex Will do. Feel free to reach out if anything else comes up.
알겠습니다. 혹시 다른 문제가 생기시면 언제든지 말씀해 주시면 됩니다.

 **Manner & Tip**

화상회의 전, 신뢰를 만드는 준비의 기술

1. 회의 전에 '확인'보다 중요한 건 '준비된 인상'입니다

화상회의에서는 짧은 순간들이 이미 '당신의 업무 스타일'을 보여줍니다. 준비가 철저한 사람인지, 즉흥적인 사람인지는 회의가 시작되기도 전에 드러납니다. 참석자 확인은 단순한 절차가 아니라, 준비된 태도를 보여주는 첫 단계입니다.

 사소한 확인 멘트에서도 당신의 '업무 완성도'가 판단됩니다.

2. 회의 자료는 '파일명'이 제일 중요하다

첨부파일 이름이 [file_final_final2.pdf]과 같이 모호하거나 버전이 헷갈리면 회의 도중 문서 찾느라 흐름이 끊기기 마련입니다. 파일명은 프로젝트명과 날짜나 목적을 포함해 간결하게 정리해 보세요.

 [Marketing_Update_250912]처럼 파일 이름의 명확함이 곧 당신의 정리력과 신뢰를 보여줍니다.

3. 자료 공유는 '맥락 안내'까지 포함해야 한다

회의 전에 아젠다나 참고 자료를 미리 공유하면, 회의 중에 "이건 처음 듣는 얘기인데요?" 같은 반응을 피할 수 있습니다.

 자료만 보내지 말고, "이 자료가 왜 필요한지" 한 줄 맥락을 함께 적으세요.

4. 정중한 어조가 프로젝트의 첫 인상을 결정한다

마지막으로, 회의 전 커뮤니케이션에서는 '정중함'이 곧 프로젝트를 성공으로 이끄는 '키'입니다. 급히 보내느라 명령조로 들리는 문장을 써본 경험이 있을 겁니다. Please review when you have a moment(시간 되실 때 확인 부탁드립니다)과 같이 여유 있는 어조를 사용해 보세요.

 같은 요청도 어조 하나로 협력의 분위기가 달라집니다.

매뉴얼 4

회의 시작 멘트, 어떻게 해야 할까?

 핵심 포인트

회사 생활에서 가장 긴장되는 순간 중 하나는 바로 회의의 시작입니다. 화면에는 모두 접속해 있지만, 누가 먼저 말을 꺼내야 할지 몰라 어색한 침묵이 흐르죠. 이런 공백이 길어지면 분위기가 어수선해지고, 회의가 준비되지 않은 인상을 줄 수 있습니다. 그래서 화상회의의 오프닝 멘트는 단순한 인사가 아니라, 회의의 톤과 흐름을 잡는 중요한 출발점입니다.

이제 모든 준비가 끝났다면, 본격적으로 화상회의를 열 차례입니다. 링크는 정상적으로 작동하고, 자료도 사전에 공유되었다면 이제 남은 것은 '첫 인사'입니다. 회의의 시작은 단순히 마이크를 켜는 행위가 아니라, 참석자들의 시선을 한 방향으로 모으는 신호이기도 합니다. 따뜻하지만 단정한 오프닝 한마디가 오늘 회의의 분위기를 결정짓습니다.

 핵심 문장 미리보기

이번 매뉴얼 4에서는 회의를 자연스럽게 시작하고 분위기를 안정시키는 오프닝 멘트 표현을 다룹니다.

- `회의 시작` 회의를 시작하겠습니다.
- `회의 목적 안내` 먼저 간단히 오늘 회의 목적을 말씀드리겠습니다.
- `음성 확인` 모두 잘 들리시나요?

핵심문장 1 · 회의 시작
회의 시작하겠습니다.

Casual

Let's get started.
회의를 시작하겠습니다.

Let's kick off the meeting.
이제 회의를 시작하겠습니다.

Before we dive in, how's everyone doing today?
본격적으로 들어가기 전에 다들 오늘은 어떠세요?

Formal

I'd like to start the meeting now.
이제 회의를 시작하겠습니다.

Let's wait another minute to make sure everyone's here.
모두 접속하셨는지 확인을 위해 1분만 더 기다리겠습니다.

- kick off 시작하다, 개시하다

Casual Let's get started는 가장 기본적이고 중립적인 회의 시작 표현이고, Let's kick off the meeting은 활기차고 에너지 있는 분위기를 만들어 줍니다. Before we dive in은 본격적인 논의에 들어가기 전에 분위기를 부드럽게 여는 표현입니다.

Formal 반면에 I'd like to start ~는 포멀한 자리에서도 사용할 수 있는 기본 문장으로, 회의를 안정감 있게 시작할 때 유용합니다. wait another minute는 참석자가 모두 접속했는지 확인하며 여유를 보일 때 적절합니다.

핵심 문장 2 — 회의 목적 안내
먼저 간단히 오늘 회의 목적을 말씀드리겠습니다.

Casual

Just a quick note on what this meeting is about.
이 회의가 어떤 회의인지 간단히 말씀드리겠습니다.

I'd like to start by sharing why we're here today.
오늘 우리가 모인 이유부터 말씀드리겠습니다.

In short, this meeting is about setting clear priorities for Q4.
한마디로, 이번 회의는 4분기 우선순위를 정하는 데 목적이 있습니다.

Formal

Let me briefly explain the purpose of today's meeting.
오늘 회의의 목적을 간단히 설명드리겠습니다.

Today's goal is to align on our next steps for the campaign.
오늘 회의의 목표는 캠페인의 다음 단계를 조율하는 것입니다.

- note on (~에 대한) 간단한 언급, 간단한 설명
- purpose 목적, 취지, 의도

Casual Just a quick note on ~은 회의 분위기를 자연스럽게 여는 표현이고, I'd like to start by sharing why ~는 회의의 의미를 상기시킵니다. In short, this meeting is about ~은 논의의 핵심을 짧게 정리하며 회의의 방향을 명확히 합니다.

Formal Let me briefly explain the purpose ~은 불필요한 서론 없이 핵심으로 바로 들어가며, Today's goal은 구체적 목표를 제시해 회의의 흐름을 구조적으로 정리해 줍니다. '이 회의가 왜 중요한지'를 짧게 덧붙이면 더욱 설득력 있습니다.

핵심 문장 3 〔음성 확인〕 모두 잘 들리시나요?

Casual

Is my audio clear?
제 오디오 괜찮나요?

Can you all hear me clearly?
제 목소리 또렷하게 들리시나요?

Is the sound coming through okay?
소리 잘 나가고 있나요?

Formal

Let's take a quick moment to make sure everyone's connected.
모두 연결 상태를 확인할 시간을 잠깐 가지겠습니다.

You might want to check your mute settings. We can't hear you yet.
음소거 설정을 확인해 보시면 좋을 것 같습니다. 아직 소리가 들리지 않아요.

- clear 명확한, 또렷한
- come through (소리·신호 등이) 전달되다, 잘 들리다

〔Casual〕 Is my audio clear?는 짧지만 자연스러운 시작 문장으로, 모든 화상회의에서 활용되고, Can you all hear me clearly?는 전원을 대상으로 한 질문으로 참여감을 유도합니다. Is the sound coming ~?는 빠른 점검에 유용합니다.

〔Formal〕 Let's take a quick moment ~은 연결 상태를 함께 확인하자는 표현으로 진행자의 여유와 배려를 보여주며, You might want to check ~처럼 직접적인 지적 대신 부드럽게 안내하면 더욱 매너 있게 들립니다.

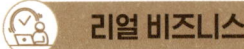 **리얼 비즈니스**

이 상황은 Elena가 화상회의의 진행을 맡아 회의를 열면서 시작됩니다. 회의 목적을 간단히 설명한 뒤, 본격적인 논의 전에 오디오 상태를 점검하는 모습은 실제 회의에서 매우 흔한 장면입니다.

Elena   **Hi everyone, let's kick off the meeting.**
안녕하세요 여러분, 회의를 시작하겠습니다.

Let me briefly explain the purpose of today's meeting.
오늘 회의의 목적을 간단히 설명드리겠습니다.

James   **Sure, go ahead.**
네, 말씀해 주세요.

Elena   **We're here to finalize the Q4 marketing plan and set the launch date.**
오늘은 4분기 마케팅 계획을 마무리하고 출시일을 정하기 위함입니다.

Before we dive in, can you all hear me clearly?
본격적으로 들어가기 전에, 제 목소리 잘 들리실까요?

James   **The sound is coming through just fine.**
소리 잘 들립니다.

 **Manner & Tip**

프로다운 화상회의 오프닝 멘트

화상회의의 시작은 단순히 "회의를 시작하겠습니다"로 끝나지 않습니다. 진행자가 회의 분위기를 정돈하고, 참여자 간의 연결을 자연스럽게 이어주는 한두 문장이 회의의 질을 결정합니다. 아래 표현들은 실제 글로벌 팀 미팅에서 자주 쓰이는 자연스러운 오프닝 멘트들입니다.

1. Thanks for joining on time.

"제시간에 참석해 주셔서 감사합니다."라는 뜻으로, 단순한 인사 대신 '시간을 지켜준 것에 대한 감사'를 표현하면 회의의 시작부터 긍정적인 인상을 줍니다.

 시간 약속을 강조하는 감사 표현은 punctuality(시간 엄수) 문화를 존중하는 가장 세련된 인사입니다.

2. Before we get started, a quick check, can we see the shared screen?

"시작 전에 화면 공유 잘 보이시나요?"라는 뜻으로, Before we get started는 본격 시작 전에 가볍게 무언가 하자고 제안하고 분위기를 전환하는 표현입니다. 여기에 a quick check를 붙이면 자연스럽게 장비 점검이나 자료 확인을 요청할 수 있습니다.

 장비 점검은 부담스럽지 않게, quick check처럼 부드럽게 제안하세요.

3. Before we begin, just a quick heads-up.

"시작 전에 간단히 한 가지 말씀드리겠습니다."라는 뜻으로, Heads-up은 미리 알려주는 공지나 안내를 의미합니다. 회의 전 사전 공지, 자료 업데이트, 인원 변경 등을 알릴 때 유용합니다.

 Just a quick heads-up으로 시작하면 자연스럽고 준비된 진행자의 인상을 줍니다.

매뉴얼 5

오늘 회의 목적부터 분명히 말하기

 핵심 포인트

회의가 산만해지는 가장 큰 이유는 의견 불일치가 아니라, 목적이 불명확하기 때문입니다. 많은 직장인들이 회의에 들어가자마자 안건을 논의하지만, 정작 왜 모였는지부터 명확히 짚지 않아 논의가 엇갈리는 경우가 많습니다. 특히 화상회의에서는 짧은 집중 시간 안에 여러 사람이 발언하기 때문에, 시작 1분 안에 오늘 회의의 목적은 무엇인지를 분명히 밝혀야 합니다. 그래야 모든 참석자가 같은 방향으로 사고를 정리하고, 논의의 초점을 유지할 수 있습니다.

이번 매뉴얼에서는 회의의 목적을 간결하고 명확하게 전달하는 표현을 배웁니다. 한두 문장이 회의의 질서를 세우고, 참가자들의 발언을 한 흐름 안에 정리할 수 있습니다. 즉, 이번 매뉴얼을 익히면 산만할 수 있는 회의가 결론이 있는 정돈된 회의로 바뀝니다.

 핵심 문장 미리보기

이번 매뉴얼 5에서는 회의의 방향을 명확히 잡아주는 목적을 분명히 알리는 표현들을 다룹니다.

- `회의 목적 제시` 오늘 회의의 목적은 새로운 캠페인입니다.
- `논의 내용 안내` 이 회의에서 다룰 내용을 간단히 말씀드리겠습니다.
- `질문 시점 안내` 질문은 회의가 끝난 뒤에 부탁드립니다.

> 핵심 문장 **1**　〔회의 목적 제시〕
> # 오늘 회의의 목적은 새로운 캠페인입니다.

[Casual]

We're here today to review our new campaign strategy.
오늘 우리가 모인 이유는 새로운 캠페인 전략을 검토하기 위해서입니다.

Today, we'll focus on planning the new campaign launch.
오늘은 새로운 캠페인 론칭 계획에 집중할 예정입니다.

We're here today to finalize the campaign schedule.
오늘은 캠페인 일정을 확정하기 위해 모였습니다.

[Formal]

The purpose of today's meeting is to discuss the new campaign.
오늘 회의의 목적은 새로운 캠페인에 대해 논의하는 것입니다.

The goal today is to set the launch date and assign key tasks.
오늘 회의의 목표는 출시일을 정하고 주요 역할을 배분하는 것입니다.

- purpose 목적, 의도
- focus on ~에 집중하다

[Casual] We're here today to ~는 자연스럽고 친근한 톤으로, 팀 내부 회의에서 자주 쓰입니다. 또한 focus on은 핵심 주제를 좁혀 회의의 초점을 유지하는 데 효과적이며, finalize는 결정을 내려야 하는 회의에서 의지를 분명히 드러냅니다.

[Formal] The purpose of today's meeting is ~는 가장 공식적이고 깔끔한 표현으로, 발표나 외부 미팅 진행에 적합합니다. The goal today is to set ~은 구체적인 목표를 함께 제시해 회의를 체계적으로 이끌어줍니다.

핵심 문장 2 〔논의 내용 안내〕
이 회의에서 다룰 내용을 간단히 말씀드리겠습니다.

[Casual]

Here's what we'll be covering today.
오늘 우리가 다룰 내용입니다.

Just to give you a quick overview, we'll first review last month's results.
간단한 개요를 드리자면, 먼저 지난달 성과를 검토하겠습니다.

First, we'll go over the budget, and then we'll move on to the campaign plan.
먼저 예산을 검토하고, 이후 캠페인 계획으로 넘어가겠습니다.

[Formal]

Let me walk you through the agenda.
아젠다를 설명드리겠습니다.

Today's focus: timeline, budget, and final approval.
오늘의 핵심은 일정, 예산, 그리고 최종 승인입니다.

- overview 개요, 요약
- walk ~ through 하나하나 설명하다

[Casual] Here's what we'll be ~는 회의의 큰 틀을 간결하게 제시할 때 유용하고, a quick overview는 논의 전에 전체 흐름을 한눈에 잡게 해 신뢰를 높입니다. First, we'll ~는 시간 순서나 우선순위를 명확히 보여주며 회의의 구조를 정리합니다.

[Formal] Let me walk you through ~는 참석자들을 따라가듯 안내한다는 뜻이며, "단계별로 설명드리겠습니다"의 뉘앙스로 격식을 더합니다. focus는 핵심 주제를 짧고 명확히 강조하며 회의 초점을 단단히 고정시킵니다.

핵심문장 3 · 질문 시점 안내
질문은 회의가 끝난 뒤에 부탁드립니다.

Casual

We'll take questions at the end.
질문은 회의 끝에 받겠습니다.

Let's go through the main points first, then open it up for questions.
핵심 내용을 먼저 다루고, 이후 질문받겠습니다.

Now's a good time for any questions or thoughts you'd like to share.
이제 질문이나 의견이 있으시면 자유롭게 말씀해 주세요.

Formal

Please hold questions until the end.
질문은 회의가 끝난 뒤에 부탁드립니다.

I'll take one last question before we wrap up.
마무리하기 전에 마지막 질문 한 가지만 받겠습니다.

- take questions 질문을 받다
- hold (잠시) 보류하다

Casual at the end처럼 질의응답 타이밍을 미리 알리면 회의를 효율적으로 이끌 수 있고, then open it up ~는 협업 회의나 팀 브리핑에서 열린 소통과 질서 있는 균형을 보여줍니다. Now's a good time ~은 분위기를 전환하며 참여를 유도합니다.

Formal Please hold ~는 공식적인 미팅이나 외부 발표에서 매너 있게 회의 흐름을 정돈하는 표현입니다. I'll take one last question ~은 회의를 매끄럽게 마무리하며 리더십 있는 인상을 남깁니다.

리얼 비즈니스

이 상황은 Clara가 화상회의를 주최하며 회의를 본격적으로 시작하는 장면입니다. 참석자들에게 회의 목적을 명확히 전달하고, 아젠다를 순서대로 안내하며 질문은 회의가 끝난 뒤 받겠다고 미리 언급해 회의의 흐름을 깔끔하게 유지합니다.

Clara   Hi everyone, thanks for joining.
안녕하세요 여러분, 참석해 주셔서 감사합니다.

The purpose of today's meeting is to review the survey results and decide on next step.
오늘 회의의 목적은 설문조사 결과를 검토하고 다음 단계를 정하는 것입니다.

Simone   Got it. Can you walk us through the agenda first?
알겠습니다. 먼저 아젠다를 설명해 주실 수 있나요?

Clara   Sure. Here's what we'll be covering today—first the key insights, and then the action items.
네. 오늘 우리가 다룰 내용은 먼저 핵심 인사이트, 그다음 실행 항목입니다.

We'll take questions at the end, so feel free to jot them down as we go.
질문은 회의가 끝난 뒤에 부탁드립니다. 진행 중에는 자유롭게 메모해 두셔도 좋습니다.

Simone   All right, I'm on board with that.
알겠습니다, 동의합니다.

Manner & Tip

비즈니스 영어에서는 '목적(Goal)'을 분명히 밝히는 게 매너다

비즈니스 영어에서 매너란 단순히 '예의 있는 말투'를 뜻하지 않습니다.

"The purpose of today's meeting is to review the proposal. We're here to align on the next steps."

오늘 회의의 목적은 제안서를 검토하는 것입니다. 우리는 다음 단계에 대해 의견을 맞추기 위해 이 자리에 모였습니다.

진짜 매너는 상대의 시간을 아껴주는 효율적인 대화법에서 시작됩니다. 그 핵심이 바로 '대화의 목적이 무엇인지 명확히 밝히는 것'입니다. 한국에서는 종종 "일단 회의부터 하죠." 또는 "잠깐 얘기 좀 하실래요?"로 시작하는 경우가 많습니다. 하지만 영어권에서는 이런 접근이 조금 애매하게 들립니다. 이유는 간단합니다. 상대는 '무엇에 대해, 왜 이야기하는지' 모르면 긴장하기 때문이죠. 그래서 외국인 동료들은 대화 시작부터 이렇게 말합니다. 즉, 회의나 이메일의 첫 문장에서 방향을 잡아주는 것이 글로벌 커뮤니케이션의 기본 매너입니다.

예전에 나이키 프로젝트로 영국 본사 팀과 첫 미팅을 할 때였습니다.

"Oh, Claire. Sorry for the interruption. What's the goal of this meeting again?"

클레어, 미안한데요. 이 회의 목적이 정확히 뭐였죠?

긴장한 나머지 바로 본론부터 이야기를 꺼냈는데, 회의 중간에 한 동료가 이렇게 물었습니다. 그 한마디에 머리가 띵했죠. '아, 이 사람들은 언제나 목적부터 확인하고 들어가는구나.' 그 후로는 어떤 회의든 시작하자마자 10초만 투자해 "The goal today is simple ~" 이렇게 회의의 목적을 먼저 밝히는 습관을 들였습니다. 그 작은 변화만으로 회의 분위기가 훨씬 정돈되고, 대화가 명확해졌습니다. 비즈니스 영어의 핵심 매너는 명확함(clarity)입니다. '예의 바르게 말하는 사람'보다 '핵심을 빠르게 정리해 주는 사람'이 훨씬 신뢰를 받습니다.

 앞으로 회의의 목적부터 언급하고 본론으로 들어가 보세요. 단 10초의 명확함이 대화의 질을 완전히 바꿉니다.

매뉴얼 6

소리가 안 들리거나 화면이 안 보일 때 대처하기

 핵심 포인트

화상회의를 하다 보면 꼭 한 번쯤은 "소리 안 들리세요?", "화면이 멈췄어요!"라는 말을 듣게 됩니다. 회의는 시작됐는데 한 사람의 마이크가 안 되거나 화면 공유가 제대로 안 되면 흐름이 금세 끊깁니다. 특히 해외 팀이나 외부 파트너와의 회의에서는 이런 작은 기술 문제 하나가 심한 경우 준비성이 떨어져 보여 신뢰도에 영향을 주기도 합니다. 회의 흐름을 유지하려면, 기술 문제에도 당황하지 않는 태도가 필요합니다.

그래서 화상회의에서 기술적 문제를 매끄럽게 대처하는 말은 의외로 중요한 비즈니스 스킬입니다. 단순히 "I can't hear you."로 끝내는 대신, 상대가 이해하기 쉽게 상황을 설명하고 해결 방향을 제시할 수 있어야 합니다. 이 매뉴얼에서는 연결 문제나 화면 오류가 생겼을 때 프로답게 대응할 수 있는 표현들을 익혀, 갑작스러운 기술 이슈 앞에서도 당황하지 않고 회의를 자연스럽게 이어가는 방법을 배워봅시다.

 핵심 문장 미리보기

이번 매뉴얼 6에서는 화상회의 중 자주 발생하는 기술적 문제 상황에서 바로 사용할 수 있는 핵심 표현들을 다룹니다.

- **오디오 문제 알리기** 소리가 안 들립니다.
- **영상 문제 알리기** 화면이 멈췄어요 / 끊기고 있어요.
- **연결 상태 점검하기** 잠시만요, 연결 상태를 확인해 보겠습니다.

핵심 문장 1 | 오디오 문제 알리기

소리가 안 들립니다.

Casual

Sorry, I can't hear anything.
죄송합니다, 소리가 전혀 들리지 않습니다.

I think you're on mute.
마이크가 꺼져 있는 것 같습니다.

You're breaking up.
(인터넷 문제로) 목소리가 끊겨서 잘 들리지 않습니다.

Formal

I can't hear you clearly.
Could you check your mic settings?
목소리가 또렷하게 들리지 않습니다. 마이크 설정을 확인해 주시겠어요?

Your audio is cutting in and out.
Maybe try reconnecting.
소리가 계속 끊깁니다. 다시 접속해 보시면 좋을 것 같습니다.

- on mute 말을 하지 않는, 음소거 된
- break up (음성/화면이) 끊기다

Casual I can't hear ~처럼 단순히 문제를 언급하는 대신, You're on mute처럼 원인을 추측하거나 You're breaking up처럼 구체적으로 문제의 형태를 말하면 상대가 빠르게 조치할 수 있습니다.

Formal check your mic settings는 원인 확인을 요청하는 공식적인 표현으로, 외부 미팅에서도 사용할 수 있습니다. Maybe try reconnecting은 문제의 원인을 짚은 뒤 해결 방향까지 제시하는 표현으로, 차분하고 프로다운 인상을 줍니다.

핵심 문장 2 [영상 문제 알리기]
화면이 멈췄어요 / 끊기고 있어요.

[Casual]

Your screen is frozen.
화면이 멈춘 것 같습니다.

I can't see your video.
영상이 보이지 않습니다.

You're lagging.
(인터넷 접속 문제로) 화면이 계속 끊깁니다.

[Formal]

Your screen froze for a second.
Could you share it again?
화면이 잠시 멈췄습니다. 다시 공유해 주시겠어요?

There's a bit of a lag.
Let's give it a few seconds to catch up.
화면이 약간 끊기네요. 잠시 기다렸다가 다시 진행하겠습니다.

- frozen (화면이) 멈춘
- lag 뒤쳐지다, 시간 차

[Casual] Your screen is frozen처럼 문제의 상태를 말하면 상대가 문제를 빠르게 파악할 수 있습니다. You're lagging은 인터넷 속도로 인한 끊김을 표현하고, I can't see your video는 카메라 자체 문제를 부드럽게 언급할 때 적합합니다.

[Formal] Could you share it again?은 재공유를 요청하는 가장 공손한 표현이고, Let's give it a few seconds은 상황을 자연스럽게 조율하는 표현입니다.

핵심 문장 3 〔연결 상태 점검하기〕
잠시만요, 연결 상태를 확인해 보겠습니다.

〔Casual〕
I'll rejoin the meeting.
회의에 다시 접속하겠습니다.

Let me log back in.
다시 로그인하겠습니다.

I'm having a slight connection issue.
I'll rejoin in a second.
연결에 약간 문제가 있습니다. 잠시 후 다시 접속하겠습니다.

〔Formal〕
One moment, please.
Let me check my connection.
잠시만요, 제 연결 상태를 확인해 보겠습니다.

Let me switch to a different network.
I'll be right back.
다른 네트워크로 전환하겠습니다. 곧 돌아오겠습니다.

- log back in 다시 로그인하다
- connection 연결 상태

〔Casual〕 I'll rejoin the meeting은 빠르게 재접속하겠다는 표현이고, Let me log back in은 문제를 스스로 해결하겠다는 표현입니다. I'm having a slight connection issue는 상황을 구체적으로 알려 불필요한 오해를 줄일 수 있습니다.

〔Formal〕 One moment, please는 예의 있게 시간을 요청하는 문장이고, Let me switch to a different network는 문제 해결 의지를 전달해 신뢰감을 줍니다. 단순히 Hold on보다 구체적인 설명이 더 신뢰를 줍니다.

리얼 비즈니스

이 상황은 Tom의 연결 상태에 문제가 생기면서 회의가 잠시 중단되는 장면입니다. Julia는 오디오와 화면 문제를 차분하게 알려주고, Tom은 즉시 연결을 재확인한 뒤 다시 접속하겠다고 응답하죠. 실제 화상회의에서도 이런 기술적 문제는 흔하게 일어납니다.

Julia   **Hey Tom, I can't hear anything on your end.**
Tom, 소리가 전혀 들리지 않습니다.

Tom   **Oh no, let me check my connection.**
어, 잠시만요. 연결 상태 확인해 보겠습니다.

Julia   **Also, your screen is frozen.**
그리고 화면도 멈춘 것 같습니다.

Tom   **Got it. I'll rejoin the meeting.**
알겠습니다. 회의 다시 접속하겠습니다.

Julia   **Sure, we'll wait.**
네, 기다릴게요.

Tom   **Thanks for your patience. I'll be back in a minute.**
기다려주셔서 감사해요. 곧 다시 들어올게요.

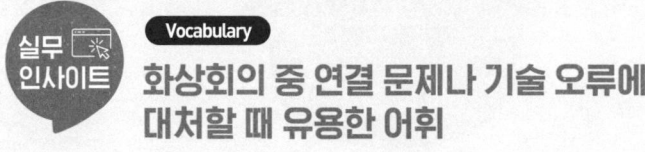

화상회의 중 연결 문제나 기술 오류에 대처할 때 유용한 어휘

1. unstable connection 불안정한 연결

I think I have an unstable connection. Can you hear me clearly?
제쪽 연결이 불안정한 것 같아요. 제 목소리 잘 들리시나요?

2. cut out 음성이 중간중간 끊기다

Your audio keeps cutting out. You might want to reconnect.
음성이 계속 끊깁니다. 다시 접속해보시겠어요?

3. glitch (일시적) 오류, 작동 이상

There seems to be a glitch. Let's reconnect and try again.
잠깐 오류가 있는 것 같습니다. 다시 접속해서 시도해보죠.

4. switch network 네트워크를 전환하다

I'll switch to a different network to stabilize the call.
회의 연결을 안정시키기 위해 다른 네트워크로 전환하겠습니다.

5. bandwidth 대역폭, 인터넷 연결 속도 용량

The low bandwidth might be causing the delay.
대역폭이 낮아서 지연이 발생하는 것 같습니다.

6. share permissions 공유 권한

It looks like I don't have share permissions yet.
아직 화면 공유 권한이 없는 것 같습니다.

매뉴얼 7

내 의견·자료 제대로 전달하기

 핵심 포인트

이제 기술적 연결 문제가 해결되었다면, 내 의견을 명확히 전달하는 것이 중요합니다. 화상회의에서 가장 어려운 순간 중 하나는 '내가 말한 요지가 제대로 전달되지 않을 때'입니다. 화면 속 작은 창 안에서 말하다 보면 상대의 표정 반응이 잘 보이지 않아, 내 의견이 이해된 건지 아니면 흘러간 건지 감을 잡기 어렵습니다. 특히 여러 명이 동시에 발언할 때는 타이밍을 놓치거나, 내 자료가 화면 공유에서 보이지 않아 흐름이 끊기기도 하죠.

이럴 때 중요한 건 '내가 전달하고자 하는 핵심을 짧고 명확하게 구조화해 말하는 것'입니다. 구체적인 수치나 예시를 덧붙이거나, 내 말을 다시 짚어주는 표현을 활용하면 메시지의 힘이 달라집니다. 이번 매뉴얼을 익히면 단순히 발언하는 수준을 넘어, 회의의 방향을 주도하는 스피커로 성장할 수 있습니다.

 핵심 문장 미리보기

이번 매뉴얼 7에서는 화상회의 중 내 의견과 시각 자료를 명확하게 전달할 때 필요한 표현들을 다룹니다.

- `화면 공유` 화면 공유해도 될까요?
- `의견 강조` 이 부분을 강조하고 싶습니다.
- `추가 설명` 좀 더 자세히 설명드릴게요.

핵심 문장 1 — 화면 공유
화면 공유해도 될까요?

Casual

Can I share my screen?
화면 공유해도 될까요?

Let me pull up the slide.
슬라이드를 띄워보겠습니다.

I've just shared my screen. Can everyone see it?
방금 화면 공유했어요. 다들 모두 보이시나요?

Formal

Before I share my screen, just give me a second to set it up.
화면 공유 전에 잠시만 설정 시간을 주세요.

Once everyone can see it, I'll get started.
모두 화면이 보이시면 바로 시작하겠습니다.

- share the screen 화면을 공유하다
- pull up (화면·문서 등을) 띄우다, 불러오다

Casual share my screen은 화면 공유를 뜻하는 기본적인 표현이고, pull up the slide는 준비된 자료를 자연스럽게 띄워 발표 전환을 부드럽게 만듭니다. Can everyone see it?은 참석자와 연결 상태를 점검하며 소통하는 표현입니다.

Formal Before I share my screen은 화면 공유 전 준비 시간을 요청할 때, Once everyone can see it은 모두가 화면을 확인한 뒤 발표를 시작하겠다는 의미로 발표자의 배려와 주도성을 드러냅니다.

핵심 문장 2 [의견 강조] 이 부분을 강조하고 싶습니다.

[Casual]

I'd like to highlight this part.
이 부분을 강조하고 싶습니다.

What I want to point out is this.
제가 말씀드리고 싶은 요점은 이 부분입니다.

This is a key takeaway.
이건 꼭 기억해 주셔야 할 핵심입니다.

[Formal]

Let me draw your attention to this part on the slide.
슬라이드의 이 부분에 주목해 주시면 좋겠습니다.

Just to emphasize, this point is crucial for our next step.
다시 한번 강조드리자면, 이 부분이 다음 단계의 핵심입니다.

- highlight 강조하다
- takeaway 핵심 요점
- point out 지적하다, 언급하다

[Casual] highlight는 어디에 집중해야 하는지를 명확히 짚어주며 핵심을 강조할 때, point out은 구체적인 수치나 사실을 짚을 때, key takeaway는 회의 후 반드시 기억해야 할 요점을 정리할 때 효과적입니다.

[Formal] draw your attention은 청중의 시선을 유도하는 격식 있는 표현이며, Just to emphasize는 논리를 정리하며 각인시킵니다. 중요한 내용을 강조할 때 포인터나 슬라이드 전환 같은 시각적 신호를 함께 주면 전달력이 더욱 높아집니다.

핵심문장 3 · 추가 설명
좀 더 자세히 설명드릴게요.

[Casual]

Let me explain that in more detail.
그 부분을 좀 더 자세히 설명드리겠습니다.

I'll guide you through the data.
데이터를 하나씩 설명드리겠습니다.

Does that make sense so far?
지금까지 설명드린 부분 괜찮으신가요?

[Formal]

Here's a quick breakdown of the chart.
그 차트를 간단히 나누어 설명드리겠습니다.

Let's break this down into three parts for clarity.
이 부분은 명확하게 세 단계로 나누어 설명드리겠습니다.

- in detail 자세하게, 구체적으로
- breakdown 단계적 설명
- break down (복잡한 것을) 세부적으로 나누어 설명하다

[Casual] in more detail은 설명을 덧붙이거나 청중의 이해를 도울 수 있고, guide you through는 데이터를 단계적으로 짚어가며 이해를 돕는 데 유용합니다. 설명 중간에 Does that make sense ~?를 덧붙이면 청중의 이해도를 확인할 수 있습니다.

[Formal] breakdown이나 break ~ down 같은 표현을 활용하면 복잡한 내용을 구조적으로 나누어 명확하게 설명할 수 있어, 발표 전체의 흐름이 훨씬 정돈된 인상을 줍니다.

 **리얼 비즈니스**

이 상황은 Kevin이 회의 중 자료를 공유하며 발표를 이어가는 장면입니다. 화면을 띄우고, 특정 부분을 강조한 뒤 구체적인 설명으로 연결하는 흐름으로 이어집니다.

Kevin   Can I share my screen?
화면 공유해도 될까요?

Rachel   Sure, go ahead.
네, 공유해 주세요.

Kevin   I'd like to highlight this part in the middle.
가운데 이 부분을 강조하고 싶습니다.

Rachel   Got it. That's the Q2 sales figure, right?
알겠습니다. 2분기 매출 수치 말씀하시는 거 맞으신가요?

Kevin   Exactly. Let me explain that in more detail.
맞습니다. 그 부분 좀 더 자세히 설명드리겠습니다.

Rachel   Yes, please. I'm taking notes.
부탁드려요. 메모하고 있어요.

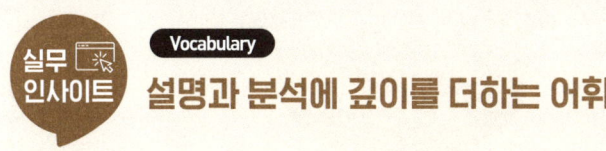

1. zoom in on 초점을 맞추다, 특정 부분에 집중하다

Let's zoom in on this chart to understand the difference.
이 차트를 확대해서 차이를 살펴보겠습니다.

2. call out 강조하다, 짚어 말하다

I'd like to call out one important insight here.
여기서 중요한 인사이트 하나를 짚어드리겠습니다.

3. flag (문제나 이슈를) 표시하다, 지적하다

I just wanted to flag a potential risk in this plan.
이 계획에서 잠재적인 위험 요소 하나만 짚고 넘어가겠습니다.

4. drill down into 세부적으로 분석하다, 깊이 파고들다

We'll drill down into the numbers later in the presentation.
발표 후반부에 수치를 좀 더 자세히 분석하겠습니다.

5. shed light on (불분명한 부분을) 명확히 하다, 조명하다

This data sheds light on why our sales dropped in Q3.
이 데이터는 3분기 매출 하락의 원인을 명확히 보여줍니다.

6. paint a picture of (상황을) 구체적으로 보여주다, 이미지로 설명하다

Let me paint a picture of what this could look like in practice.
이게 실제로 어떤 모습일지 그려드리겠습니다.

매뉴얼 8

질문하고 의견 조율하기

 핵심 포인트

화상회의에서 가장 조심스러운 순간은 '질문을 던질 때'입니다. 단순히 궁금증을 해소하는 것이 아니라, 질문 하나가 회의의 방향을 바꿀 수 있기 때문입니다. 특히 온라인 회의에서는 말할 타이밍을 잡기 어렵고, 서로의 반응을 실시간으로 읽기 힘들어 의견이 엇갈리거나 대화가 겹치기 쉽습니다. 그래서 질문 하나를 던질 때에도 표현 방식과 톤이 중요합니다.

이번 매뉴얼 8은 단순히 "질문하기"를 넘어, 상대의 의견을 존중하면서 나의 입장을 명확히 전달하는 법을 다룹니다. 올바른 질문은 회의의 논점을 분명히 하고, 불필요한 오해를 줄이며, 협업의 속도를 높입니다. 질문과 피드백을 매끄럽게 주고받을 수 있다면, 당신은 단순한 참가자가 아니라 팀 내 조율자로 자리 잡게 될 것입니다.

 핵심 문장 미리보기

이번 매뉴얼 8에서는 화상회의에서 적절한 타이밍에 질문하고 의견을 조율하는 표현을 다룹니다.

- `질문하기` 이 부분에 대해 질문이 있습니다.
- `의견 제시하기` 그 점에 대해 제 생각을 말씀드리겠습니다.
- `합의 도출하기` 그럼 이걸로 합의 보는 건 어떨까요?

핵심문장 1 〔질문하기〕
이 부분에 대해 질문이 있습니다.

Casual
I have a quick question about this.
이 부분에 대해 간단히 질문이 있습니다.

Can I ask something here?
여기서 질문 하나 해도 될까요?

Formal
Just to clarify, are we saying that this will work?
확실히 하자면, 이것이 괜찮다는 말씀이실까요?

Before I move on, I just want to make sure I understood this correctly.
넘어가기 전에 제가 제대로 이해했는지 확인하고 싶습니다.

Just to check we're aligned, do you mean the same timeline applies here?
확인차 여쭤봅니다. 같은 일정이 이 부분에도 적용된다는 말씀이신가요?

- clarify 명확히 하다
- apply 적용하다

Casual I have a quick question ~는 가장 자연스럽게 회의의 흐름을 끊지 않으면서도 참여 의지를 보여줍니다. Can I ask something here?는 즉흥적인 상황에서 자유로운 토론 분위기를 만듭니다.

Formal Just to clarify는 상대의 발언을 재확인하며 논의의 방향을 명확히 하고, Before I move on은 주제 전환 전 이해 여부를 점검할 때 유용합니다. 또한, Just to check we're aligned는 의견 일치를 확인하며 협업의 조율 의도를 전달합니다.

핵심문장 2 · 의견 제시하기
그 점에 대해 제 생각을 말씀드리겠습니다.

[Casual]

I see your point, but maybe we can also consider extending the deadline.
말씀하신 점 이해하지만, 마감일을 연장하는 것도 고려해볼 수 있을 것 같습니다.

I agree to some extent, but I think we should run a test first.
어느 정도는 동의하지만, 우리는 우선 테스트를 진행해야 한다고 생각합니다.

That's a great point.
I just have a slightly different take on it.
좋은 의견이시네요. 저는 조금 다른 관점을 가지고 있습니다.

I see where you're coming from, but let's also think about the timeline.
그 말씀 이해합니다만, 일정 측면도 함께 고려해보면 좋겠습니다.

[Formal]

From my point of view, we need more data before making a final decision.
제 관점에서는 최종 결정을 내리기 전에 더 많은 데이터가 필요하다고 생각합니다.

- point 요점, 주장, 의견
- to some extent 어느 정도까지는
- point of view 관점

[Casual] I see your point, but~은 의견을 인정하며 대안을 제시할 때 쓰이고, I agree to some extent, but~은 부분적 동의를 나타냅니다. That's a great point 와 I see where you're ~은 공감하면서도 다른 시각을 덧붙일 때 자연스럽습니다.

[Formal] From my point of view는 개인의 의견을 공손하게 표현할 때 적합합니다. 이러한 표현을 활용하면 '함께 더 나은 결정을 하자'는 인상을 줍니다.

핵심 문장 3 — 합의 도출하기
그럼 이걸로 합의 보는 건 어떨까요?

[Casual]

Shall we go with this option then?
그럼 이 옵션으로 진행해볼까요?

Are we all on the same page now?
모두 같은 생각이실까요?

If everyone's okay with this, I'll update the plan accordingly.
모두 괜찮으시다면, 그에 맞춰 계획을 업데이트하겠습니다.

[Formal]

Can we agree on this approach?
이 접근 방식에 동의하실 수 있을까요?

Once we're all aligned, I'll share the next steps right after this call.
모두 의견이 일치하면, 이번 회의가 끝나는 대로 이후 단계 계획을 공유드리겠습니다.

- on the same page 이해하는 바가 같은, 한 마음인
- accordingly 그에 맞게, 그에 따라
- approach 접근 방식, 방법, 해결법

[Casual] Shall we go with ~?은 모두가 납득할 만한 결정으로 정리할 때, on the same page now는 모두가 이해를 공유하고 있는지 확인하는 표현입니다. If everyone's okay ~는 동의를 확인하며 다음 단계로 넘어갈 때 사용됩니다.

[Formal] Can we agree on this approach?는 공식적인 자리에서 프로젝트 방향이나 실행 방안을 확정할 때 적합합니다. Once we're all aligned는 '모두 의견이 일치하면'으로, 합의 후 다음 단계를 안내하는 마무리 표현입니다.

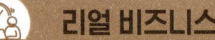 리얼 비즈니스

이 상황은 프로젝트 일정 논의를 위한 화상회의 중 한 장면입니다. Linda는 새로운 일정에 대해 확인 질문을 던지고, 자신의 의견을 조심스럽게 제시합니다.

Linda **Before we move on, I have a quick question about this.**
넘어가기 전에 이 부분에 대해 간단히 질문이 있습니다.

Just to clarify, are we saying that the new timeline starts next week?
확실히 하자면, 새로운 일정이 다음 주부터 시작된다는 말씀이신가요?

Brian **Yes, that's correct.**
네, 맞습니다.

Linda **Okay, from my point of view, it might be a bit tight.**
알겠습니다. 제 관점에서는 일정이 좀 빠듯할 수 있다고 생각합니다.

Brian **I see your point, but maybe we can also consider splitting the work into phases.**
말씀하신 점 이해하지만, 작업을 단계별로 나누는 방안도 고려해볼 수 있을 것 같습니다.

Linda **That sounds reasonable. Can we agree on this approach?**
적절해 보입니다. 이 접근 방식에 동의하실 수 있을까요?

Culture

질문 문화의 차이, '적극적 질문'과 '소극적 질문'

서구권 회의나 교육 세션을 통역할 때마다 느끼는 점이 하나 있습니다.

발표가 끝나자마자 청중이 손을 번쩍 들고 "So, what's your next step?" 또는 "Can you elaborate on that?"하고 묻는 장면이 너무나 자연스럽다는 겁니다. 질문은 단순히 모르는 걸 묻는 행위가 아니라, '나는 이 대화에 관심이 있다'는 신호로 여겨집니다. 질문이 많을수록 열정적이고 참여적인 태도로 평가받습니다. 그래서 서구권에서는 발표자 역시 질문을 받는 걸 두려워하지 않습니다. 오히려 발표자나 강연자가 "Good question!" 또는 "That's an important point."으로 시작하며 대화의 깊이를 더해갑니다.

반면 한국이나 일본의 회의에서는 분위기가 다릅니다.

누군가 발표를 마치면 대부분의 참석자들이 고개를 끄덕이거나 메모를 하며 조용히 넘어갑니다. 질문이 없다는 건 '잘 이해했다' 혹은 '괜히 분위기를 흐리지 않겠다'는 의미일 때가 많습니다. 특히 상사나 고객이 있는 자리에서는 더더욱 그렇습니다. 하지만 서구권에서는 같은 상황이 "Are they not interested?" 혹은 "Did I explain it wrong?"으로 해석되곤 합니다. 질문이 없는 건 침묵이 아니라, 참여 부족으로 보이기 때문입니다.

저 역시 통역사/국제회의 MC로 일하면서 이 차이를 여러 번 체감했습니다.

한 번은 외국인 연사가 "Any questions so far?"라고 세 번이나 물었는데, 아무도 손을 들지 않자 제가 대신 "질문 있으신 분 계신가요?"를 부드럽게 유도해야 했죠. 그 후 회의가 끝난 뒤, 한국 참석자 한 분이 제게 "사실 질문이 있었는데 분위기를 흐릴까 봐 따로 물어보려고요"라고 하더군요. 그 순간, '질문 문화'의 차이가 얼마나 깊은지 실감했습니다. 강사로서 학생들을 가르칠 때도 마찬가지입니다. "질문하는 건 용기 있는 참여의 첫걸음" 이라고 늘 강조합니다.

질문은 발표자에 대한 도전이 아니라, 이해의 확장을 위한 협력입니다.

서구권처럼 적극적인 질문이 오가는 문화에서는 생각이 연결되고, 새로운 아이디어가 더 쉽게 떠오릅니다. 질문을 많이 한다는 건 단순히 '모른다'가 아니라, '함께 배우고 싶다'는 뜻입니다. 질문을 잘하는 연습은 영어 표현보다 '태도'에서 시작됩니다. 발표나 회의 중에 "Just to clarify, does that mean…?" 또는 "Can I ask a quick follow-up?"처럼 짧게 끊어 묻는 연습을 해보세요. 질문은 대화의 끝이 아니라, 진짜 소통의 시작입니다.

매뉴얼 9

음원 듣기

결정사항 딱 정리하고 책임자 지정하기

핵심 포인트

논의가 충분히 이루어졌다면, 이제 결정과 책임을 명확히 정리할 차례입니다. 회의 때 '결정된 건데, 누가 하기로 했지?'라는 말이 나오면 이미 혼선이 시작된 것입니다. 화상회의에서는 특히 이런 상황이 자주 벌어집니다. 오디오가 겹치거나, 정리 멘트 없이 회의가 바로 종료되면 결정은 났지만 책임자는 불분명한 상태가 되기 쉽습니다. 결국 실행 단계에서 혼란이 생기고, 똑같은 이슈를 다음 회의에서 또 논의하게 됩니다.

매뉴얼 9의 핵심은 '정리와 지정'입니다. 마지막 몇 분을 투자해 결정사항을 명확히 요약하고, 담당자와 마감일을 함께 지정하는 습관을 들이면 회의의 완성도가 달라집니다. 누가, 무엇을, 언제까지 할지 명확히 남기는 순간, 회의는 단순한 대화가 아니라 실행 가능한 계획으로 전환됩니다.

핵심 문장 미리보기

이번 매뉴얼 9에서는 회의의 핵심을 '결정'과 '책임자 지정'으로 명확히 정리하는 표현을 다룹니다.

- `결정 확정` 그러면 이 안으로 진행하겠습니다.
- `책임자 지정` 이 부분은 Claire가 맡아주시겠어요?
- `회의 내용 정리` 오늘 논의한 내용 간단히 정리하겠습니다.

핵심 문장 1 [결정 확정] 그러면 이 안으로 진행하겠습니다.

[Casual]

Let's move forward with this plan.
이 안으로 진행하겠습니다.

We've decided to go with this option.
이 옵션으로 하기로 결정했습니다.

So we're all set on this direction.
이 방향으로 확정된 걸로 하겠습니다.

[Formal]

So to confirm, we'll move forward with this plan starting next Monday.
정리하자면, 이번 안은 다음 주 월요일부터 진행합니다.

We're aligned on this direction, and I'll update the timeline accordingly.
이 방향으로 의견이 모였으니, 그에 맞게 일정표를 바로 업데이트하겠습니다.

- move forward with ~로 진행하다
- be set on ~로 확정되다

[Casual] move forward with ~은 논의를 실행으로 옮길 때 자연스러운 표현입니다. 반면 We've decided to go with ~은 이미 합의된 사항을 확인하는 표현이며, We're all set on ~은 팀 전체의 의견이 일치했다는 점을 강조합니다.

[Formal] So to confirm은 결정을 재확인하며 일정이나 시작 시점을 명시할 때 유용합니다. 마지막으로 We're aligned on ~은 모든 참석자가 같은 방향을 바라보고 있다는 의미로, 이후 실행 단계로 자연스럽게 연결해 줍니다.

핵심문장 2 [책임자 지정] 이 부분은 Claire가 맡아주시겠어요?

[Casual]

Can you take the lead on this, Claire?
이 부분은 Claire가 맡아주시겠어요?

Claire, would you be able to handle this?
Claire, 이 부분 처리해주실 수 있을까요?

Shall we have Claire take care of this task?
이 일은 Claire가 맡는 걸로 할까요?

[Formal]

Claire, can you take the lead on this since you worked on the previous version?
Claire, 이전 버전을 맡아주셨으니 이번에도 주도 부탁드립니다.

Let's have Claire handle this part; she's most familiar with the data.
이 부분은 Claire가 데이터에 가장 익숙하시니까 맡아주시면 좋겠습니다.

- take the lead on ~을 주도하다, 책임지다
- handle 맡다, 처리하다, 해결하다

[Casual] Can you take ~?는 가장 자연스럽고 직설적인 책임 지정 표현이며, Would you be able to ~?는 요청을 좀 더 부드럽게 전달하는 뉘앙스입니다. Shall we have Claire take ~?는 결정 단계를 이끌어 협의형 분위기를 만듭니다.

[Formal] since you worked on ~은 근거를 함께 제시해 책임 배분의 타당성을 높이고, Let's have Claire handle this part는 공식적인 자리에서 역할을 명확히 지정할 때 쓰입니다.

핵심 문장 3 — 회의 내용 정리
오늘 논의한 내용 간단히 정리하겠습니다.

[Casual]

Let me summarize what we discussed today.
오늘 논의한 내용을 간단히 정리하겠습니다.

Here's a quick recap of the meeting.
회의 내용을 간단히 요약하겠습니다.

Here's a quick recap. We've agreed on the budget and timeline, and Claire will take the lead.
간단히 요약드리면, 예산과 일정은 확정되었고, Claire님이 주도하시는 것으로 정리되었습니다.

[Formal]

To sum up, we've agreed on the following points.
요약하자면, 다음과 같은 내용으로 합의했습니다.

To sum up, we'll finalize the report by Friday and review it next week.
요약하자면, 이번 주 금요일까지 보고서를 마무리하고 다음 주에 검토하겠습니다.

- summarize 요약하다, 간략히 정리하다
- recap 요약하다, 정리하다 요약, 정리
- sum up 간단히 정리하다, 요점을 말하다

[Casual] Let me summarize ~는 회의에서 결론부를 여는 표현이며, Here's a quick recap of ~은 빠르게 핵심만 짚어줄 때 적합합니다. 이어서 구체적인 결과와 담당자를 함께 정리하며 실행 방향까지 명확하게 제시할 수 있습니다.

[Formal] To sum up은 일종의 전환 신호로, 여러 발언을 하나의 흐름으로 정리해 줄 때 유용합니다. 또한, 일정과 후속 조치를 함께 제시해 회의의 마무리를 깔끔히 완성해 줍니다.

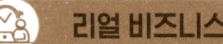

이 상황은 Sophia가 회의의 마무리를 진행하면서 시작됩니다. 팀원들은 논의된 내용을 확인하고, 다음 단계로의 실행 방향과 담당자를 정리합니다. 실제 프로젝트 회의의 마지막 부분에서 자주 오가는 대화 흐름을 담았습니다.

Sophia I think we've covered all the main points.
중요한 내용은 다 다룬 것 같아요.

So, let's move forward with this plan.
그러면 이 안으로 진행하겠습니다.

Daniel Agreed. And for the presentation, can you take the lead on this, Julia?
동의합니다. 그리고 발표 관련해서는 Julia가 맡아주실 수 있을까요?

Julia Sure, I'll handle it and share a draft by Friday.
네, 제가 맡아서 금요일까지 초안을 공유드릴게요.

Sophia Great. Let me summarize what we discussed today.
좋습니다. 오늘 논의한 내용을 정리하겠습니다.

We'll move ahead with Proposal B, and Julia will lead the presentation prep.
우리는 B안으로 진행하고, 줄리아가 발표 준비를 맡기로 했습니다.

Manner & Tip

'책임자 지정'할 때 자주 하는 멘트 실수 Top 5

1. "그럼 이건 다 같이 추진하는 걸로 하죠?"

'다 같이 한다'는 말은 해외 팀에서는 곧 '아무도 책임지지 않는다'는 뜻으로 들릴 수 있습니다. 책임이 모호하면 일정과 보고 라인이 흔들리기 쉽습니다.

 Claire will take the lead on this project처럼 책임자를 명확히 지정하세요.

2. "누가 해주시겠어요?"

영어에서 Can anyone handle this?는 '누가 좀 해줄래요?' 정도의 뉘앙스로, 책임을 떠넘기는 듯하게 들릴 수 있습니다.

 Let's have David handle this part처럼 위임과 결정을 동시에 보여주세요.

3. "그럼 이건 클레어님이 맡으시는 걸로..."

한국어에서는 부드러운 표현이 매너처럼 여겨지지만, 영어권에서는 '불확실한 책임 배분'으로 오해받기 쉽습니다.

 Claire will handle this part처럼 명확하게 책임을 지정하면 확신 있고 프로페셔널한 인상을 줄 수 있습니다.

4. "저도 같이 도와드릴게요."

도움을 주는 것과 책임을 지는 것은 다릅니다. 해외 미팅에서는 주도권이 누구에게 있고, 자신은 어떤 역할을 보조하는지 분명히 표현합니다.

 I'll support Claire with the visuals처럼 주도권과 보조 역할을 구체적으로 구분하세요.

5. "이건 다 정리된 거죠?"

책임자를 정한 후에도 정리 멘트 없이 회의를 끝내면 참석자마다 다르게 이해하고 넘어가 혼동을 초래할 수 있습니다.

 So to confirm, Julia will lead the design, and Daniel will manage the timeline처럼 한 문장으로 책임자와 역할을 요약하며 마무리합니다.

매뉴얼 10

마지막 인사와 후속 안내하기

 핵심 포인트

특히 화상회의에서는 물리적인 공간을 함께하지 않기 때문에, 마무리 멘트가 회의의 완성도를 좌우합니다. 마지막 정리가 어설프면 전체 인상이 흐릿해지고 실행력도 떨어집니다. 즉, 애매한 문장으로 회의를 끝내면 누가 무엇을 언제까지 해야 하는지가 불분명해집니다. 앞선 단계에서 결정과 책임을 명확히 정리했다면, 이제는 그 내용을 깔끔하게 정리하고 참석자에게 명확한 여운을 남길 차례입니다.

이 단계에서 중요한 건 요점 정리, 후속 조치 안내, 그리고 감사 인사입니다. 핵심 결론을 짧게 되짚고, 이후 일정이나 후속 조치를 명확히 공유한 뒤, 참석자들에게 감사의 말을 전하면 회의의 완성도가 확 달라집니다. 이번 매뉴얼을 익히면, 단순히 "수고하셨습니다"로 끝나는 대신, 정리된 매너로 마무리하는 사람이 될 수 있습니다.

 핵심 문장 미리보기

이번 매뉴얼 10에서는 회의를 깔끔하게 마무리하고, 참석자들에게 다음 단계를 명확히 안내하는 표현을 다룹니다.

- `회의 종료` 오늘 회의는 여기까지입니다.
- `후속 조치 안내` 후속 조치로는 이렇게 하겠습니다.
- `감사 인사` 참석해 주셔서 감사합니다.

핵심문장 1 — 회의 종료
오늘 회의는 여기까지입니다.

Casual

That's all for today's meeting.
오늘 회의는 여기까지입니다.

Let's wrap up here.
여기서 마무리하겠습니다.

Let's wrap up here, and we'll follow up by email.
여기서 마무리하고, 이메일로 후속 안내드리겠습니다.

Formal

We'll end the meeting at this point.
이쯤에서 회의를 종료하겠습니다.

That's all for today's meeting.
Please stay tuned for the summary notes.
오늘 회의는 여기까지입니다. 요약본은 곧 공유드리겠습니다.

- wrap up 마무리하다
- at this point 이 시점에서, 여기서

Casual That's all for ~은 발표나 브리핑의 종료 멘트로 적합하며, Let's wrap up here는 딱딱하지 않으면서도 자연스럽게 회의를 정리할 때 가장 자주 쓰입니다. 또한 회의 종료와 후속 조치를 함께 안내하면 더욱 실무적으로 들립니다.

Formal We'll end the meeting at this point는 외부 미팅처럼 형식이 필요한 자리에서 사용하기 좋고, That's all for today's meeting. Please stay tuned for ~는 회의 종료와 동시에 요약본 제공을 예고해 신뢰감 있는 마무리를 완성합니다.

핵심문장 2 — 후속 조치 안내
후속 조치로는 이렇게 하겠습니다.

[Casual]

As a next step, I'll follow up with a summary email.
다음 단계로 요약 메일을 드리겠습니다.

I'll share the action items shortly.
곧 실행 항목을 공유드리겠습니다.

We'll regroup next week to check progress.
다음 주에 다시 모여 진행 상황을 확인하겠습니다.

[Formal]

I'll follow up with a summary email including next steps and deadlines.
다음 단계와 마감일을 포함한 요약 메일을 보내드리겠습니다.

We'll regroup next week once everyone has shared their updates.
모두 업데이트를 공유한 뒤 다음 주에 다시 논의하겠습니다.

- follow up 후속조치를 취하다 • action item 실행 항목 • regroup 다시 모이다

[Casual] follow up with a summary email은 회의 후 정리 메일을 약속할 때, share the action items shortly는 실행 계획을 곧 공유하겠다는 빠른 대응력을 보여줍니다. We'll regroup next week ~는 후속 회의 일정을 예고하는 표현입니다.

[Formal] including next steps and deadlines는 다음 단계와 마감일까지 명확히 제시해 공식적인 보고에 적합합니다. once everyone has shared their updates는 각 팀의 진행 상황을 공유한 뒤를 의미합니다.

핵심 문장 3 — 감사 인사
참석해 주셔서 감사합니다.

Casual

Thanks, everyone, for joining today.
오늘 참석해 주셔서 감사합니다.

Appreciate your time and input.
시간 내주시고 의견 주셔서 감사합니다.

Great discussion today. Thank you all.
오늘 아주 유익한 논의였습니다. 감사합니다.

Formal

Thank you again for the great input.
I'll make sure to reflect it in the next draft.
좋은 의견 다시 한번 감사드립니다. 다음 초안에 꼭 반영하겠습니다.

Really appreciate everyone's time today.
Looking forward to our next discussion.
오늘 시간 내주셔서 감사합니다. 다음 논의도 기대하겠습니다.

- input 의견, 제안
- reflect 반영하다

Casual Thanks for joining ~은 따뜻한 마무리 인사이며, Appreciate your time and input은 참석뿐 아니라 의견을 나눠준 점에 초점을 둡니다. Great discussion today는 논의가 유익했다는 긍정적인 평가로 회의를 마무리할 때 적합합니다.

Formal reflect it in the next draft는 피드백을 수용하고 실행 의지를 함께 보여 줄 때 유용합니다. Looking forward to our next discussion은 회의 종료와 함께 다음 논의로 연결해 주며, 격식 있는 마무리 인사입니다.

리얼 비즈니스

이 상황은 Sophia가 팀 미팅을 마무리하며 다음 단계를 안내하는 장면입니다. 회의 종료 멘트부터 후속 조치 예고, 그리고 감사 인사까지 자연스럽게 이어지는 장면을 담고 있습니다.

Sophia Alright, that's all for today's meeting.
자, 오늘 회의는 여기까지입니다.

Daniel Got it. Thanks for leading the session.
알겠습니다. 회의 진행해 주셔서 감사합니다.

Sophia As a next step, I'll follow up with a summary email and share the action items shortly.
다음 단계로 요약 메일을 드리고, 곧 실행 항목도 공유하겠습니다.

Daniel Sounds good. We'll regroup next week to check progress, right?
좋습니다. 다음 주에 다시 모여서 진행 상황을 확인하는 거 맞을까요?

Sophia Yes, exactly. Thanks again, everyone. Appreciate your time and input.
네, 맞아요. 다시 한번 감사합니다. 시간 내주시고 의견 주셔서 감사합니다.

Daniel Thanks, Sophia. Looking forward to the updates.
감사합니다, Sophia. 업데이트 기대하겠습니다.

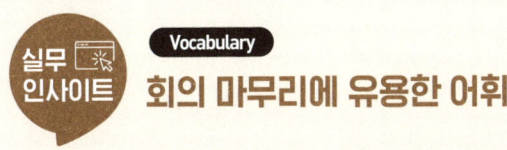

회의 마무리에 유용한 어휘

1. follow-through 실행력

We need strong follow-through to make this work.
이 일을 제대로 진행하려면 강한 실행력이 필요합니다.

2. action tracker 실행 항목 정리표, 진행 현황표

I've updated the action tracker with new deadlines.
새 마감일을 포함해 실행 항목표를 업데이트했습니다.

3. sign-off 최종 승인, 결재

We'll need your sign-off before sharing the report externally.
보고서를 외부에 공유하기 전에 최종 승인이 필요합니다.

4. tie up loose ends 남은 일들을 마무리하다, 마침표를 찍다

Let's tie up any loose ends before we send the final report.
최종 보고서를 보내기 전에 남은 일들을 모두 정리합시다.

5. hand off (업무를) 넘기다, 인계하다

I'll hand off this task to the marketing team once the draft is ready.
초안이 완성되면 이 업무를 마케팅팀에 넘기겠습니다.

6. wrap-up email (프로젝트 후) 마무리 이메일, 감사 인사 메일

I'll draft a quick wrap-up email to thank everyone for their input.
모든 분들께 감사드리는 마무리 메일을 짧게 작성하겠습니다.

The Power of Presentation

프레젠테이션은 단순한 '말하기'가 아닙니다.
아이디어를 '이해시키고', 사람을 '설득하며',
결국 조직과 프로젝트를 움직이는 실질적인 비즈니스 기술입니다.

하지만 많은 사람들이 이 기술을 '감으로' 합니다.
슬라이드를 준비하고, 외운 내용을 전달하는 데 집중하죠.
진짜 중요한 건 흐름과 그 흐름 속에서의 강조입니다.

From the Field
On stage at the APEC 2025 MRT Gala Dinner

PART 02

프레젠테이션 | Presentation

시작하기 Opening	매뉴얼 1	발표 첫 멘트, 어떻게 시작하지?
	매뉴얼 2	청중에게 오늘 발표 흐름 보여주기
	매뉴얼 3	청중의 시선을 끌려면 어떻게 할까?
전개하기 Developing	매뉴얼 4	핵심 메시지 딱 전달하기
	매뉴얼 5	근거와 사례로 설득하기
	매뉴얼 6	청중과 소통 이어가기
	매뉴얼 7	발표 내용 한눈에 정리하기
마무리하기 Closing	매뉴얼 8	마지막에 꼭 강조할 포인트 리마인드하기
	매뉴얼 9	질문과 답변 매끄럽게 처리하기
	매뉴얼 10	발표 마무리와 감사 인사

매뉴얼 1

발표 첫 멘트, 어떻게 시작하지?

 핵심 포인트

발표를 준비하면서 가장 떨리는 순간은 바로 첫 멘트를 꺼내는 순간입니다. 청중의 시선이 모두 나에게 집중되고, 공기가 잠시 멈춘 것처럼 느껴지죠. 머릿속으로 수없이 리허설 했어도 막상 무대에 서면 '뭐라고 시작하지?'라는 생각에 말문이 막히기 쉽습니다. 실제 직장인들도 보고서 발표, 프로젝트 브리핑, 팀 미팅 등 다양한 자리에서 이 순간을 자주 맞닥뜨리지만, 첫 문장을 제대로 꺼내지 못해 자신감이 꺾이는 경우가 많습니다.

이번 매뉴얼 1을 통해 발표의 흐름을 완전히 바꿔봅시다. 간단하면서도 자연스럽게 시작할 수 있는 멘트만 준비되어 있어도 마음이 훨씬 안정되고, 청중 역시 집중할 준비가 됩니다. 발표의 시작이 매끄러워지면 끝까지 자신감을 이어갈 수 있고, 결과적으로 메시지가 더 설득력 있게 전달됩니다. 즉, 좋은 첫 멘트는 단순한 인사 이상의 힘을 가지고 있습니다.

 핵심 문장 미리보기

이번 매뉴얼 1에서는 발표를 시작할 때 반드시 필요한 표현을 다룹니다.

- **자기소개** 안녕하세요, 제 소개를 간단히 드리겠습니다.
- **발표 주제 소개** 오늘 발표 주제는 새 프로젝트입니다.
- **시작 전 멘트** 발표 들어가기 전에 한 말씀만 드리겠습니다.

핵심문장 1 〔자기소개〕
안녕하세요, 제 소개를 간단히 드리겠습니다.

[Casual]

Hi everyone, let me briefly introduce myself.
안녕하세요. 간단히 제 소개부터 드리겠습니다.

I'd like to start with a quick self-introduction.
간단히 제 소개로 시작하겠습니다.

Let me start by introducing myself.
제 소개로 발표 시작하겠습니다.

[Formal]

First of all, I'd like to briefly introduce who I am.
먼저, 간단히 제 소개부터 드리겠습니다.

Good morning, my name is Claire and I'm with the Marketing Team at CL Solution.
안녕하세요, 저는 CL Solution 마케팅팀 Claire입니다.

- briefly 간단히, 짧게
- self-introduction 자기소개

[Casual] 가벼운 인사로 분위기를 열고, let me briefly introduce myself처럼 briefly를 덧붙이면 부담스럽지 않게 시작할 수 있습니다. self-introduction이나 introducing myself는 청중에게 '이제 시작한다'는 신호를 줍니다.

[Formal] First of all 같은 연결어를 사용하면 발표의 순서를 논리적으로 안내할 수 있고, Good morning, my name is ~처럼 이름과 소속을 밝히면 신뢰감이 높아집니다.

핵심 문장 2 〔발표 주제 소개〕
오늘 발표 주제는 새 프로젝트입니다.

[Casual]

Today, I'll be talking about our new project.
오늘 제가 발표할 주제는 새로운 프로젝트입니다.

Today, I'm here to discuss our new project.
오늘 전 새 프로젝트에 대해 이야기하려고 왔습니다.

Today, I'll walk you through our new project—what it is, why it matters, and what comes next.
오늘은 새 프로젝트의 개요, 중요성, 다음 단계까지 안내해 드리겠습니다.

[Formal]

The purpose of today's presentation is to share our new project.
오늘 발표의 목적은 새 프로젝트를 공유하는 것입니다.

Here's the agenda for today: background, timeline, and roles.
오늘의 순서는 배경, 일정, 그리고 역할 분담입니다.

- discuss 논의하다, 이야기하다
- purpose 목적, 취지

[Casual] talk about는 가장 일반적이고 부담 없는 시작 표현이고, discuss는 참여와 교류를 전제하는 자리에서 신뢰감을 줍니다. 또한 walk you through는 청중에게 안내하듯 발표의 개요·이유·다음 단계를 짚어주는 실무형 표현입니다.

[Formal] The purpose of today's presentation은 격식 있고 명확한 방향성을 강조하며, Here's the agenda for today: ~처럼 아젠다를 함께 제시하면 발표의 목적과 진행 구조가 한눈에 들어옵니다.

핵심문장 3 〔시작 전 멘트〕 발표 들어가기 전에 한 말씀만 드리겠습니다.

[Casual]

Before we dive in, let me say a few words.
본격적으로 들어가기 전에 한 말씀만 드리겠습니다.

Before we dive in, let me highlight today's goal.
본격적으로 시작하기 전에, 오늘의 목표를 짚어드리겠습니다.

Just before we begin, here's something to keep in mind.
시작 전에 한 가지 참고하실 말씀드리겠습니다.

[Formal]

To give you some context before we begin, please remember this point.
본론에 앞서 간단히 배경 설명을 드리자면, 이 점을 기억하세요.

Just before we begin, here's something important to keep in mind: this data is still confidential.
시작 전에 꼭 명심하실 부분이 있습니다. 이 자료는 아직 기밀입니다.

- dive in 본격적으로 시작하다, 들어가다
- keep in mind 명심하다, 유념하다
- context 맥락, 배경, 상황

[Casual] Before we dive in/begin처럼 자연스럽게 말을 꺼내면 청중이 발표자의 흐름을 따라갈 준비가 됩니다. highlight today's goal은 목표를 미리 제시해 발표의 방향을 명확히 잡아주고, keep in mind은 기억해야 할 포인트를 짚어줍니다.

[Formal] To give you some context ~으로 배경이나 맥락을 제시해 이해를 돕거나, something important로 주의사항을 강조해 신뢰감을 높일 수 있습니다. 이런 표현들은 청중이 내용을 따라갈 준비를 하게 만드는 중요한 연결 장치입니다.

리얼 비즈니스

이 상황은 Claire가 발표를 시작하면서 자기소개와 발표 주제를 소개하는 장면입니다. 이어서 본격적인 내용에 들어가기 전에 주의사항과 배경(context)을 짧게 덧붙이죠. 실제 발표 초반에 자주 오가는 흐름을 담았습니다.

Claire **Hi everyone, let me briefly introduce myself.**
안녕하세요. 간단히 제 소개부터 드리겠습니다.

My name is Claire, and I'm with the Marketing Team at CL Solution.
저는 CL Solution 마케팅팀 Claire입니다.

Before we dive in, let me say a few words.
본격적으로 들어가기 전에, 한 말씀만 드리겠습니다.

Please keep in mind that this strategy overlaps with the product launch schedule.
이 전략은 제품 출시 일정과 겹친다는 점 유념해 주시면 좋겠습니다.

To give you some context before we begin, the campaign was developed based on Q2 customer feedback.
본론에 앞서 배경을 간단히 설명 드리자면, 이번 캠페인은 2분기 고객 피드백을 기반으로 개발되었습니다.

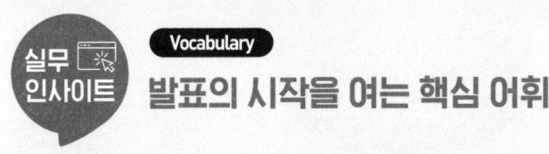

발표의 시작을 여는 핵심 어휘

1. opening remark 개회 멘트, 시작 발언

Let me start with a brief opening remark.
짧은 개회 멘트로 시작하겠습니다.

2. highlight 핵심을 강조하다

I'd like to highlight three key points today.
오늘은 세 가지 핵심 포인트를 강조하겠습니다.

3. overview 개요, 전체적인 설명

Let me give you a quick overview of today's presentation.
오늘 발표의 개요를 간단히 말씀드리겠습니다.

4. audience 청중, 발표를 듣는 사람들

It's great to see so many of our audience here today.
오늘 많은 분들이 자리해 주셔서 감사합니다.

5. acknowledge 언급하다, 감사하다

I'd like to acknowledge the support of our design team.
디자인팀의 지원에 감사드립니다.

6. kick off 시작하다, 개시하다

Let's kick off today's session with a quick introduction.
오늘 세션을 간단한 소개로 시작해 보겠습니다.

매뉴얼 2

음원 듣기

청중에게 오늘 발표 흐름 보여주기

핵심 포인트

발표를 시작한 뒤 가장 많이 받는 피드백 중 하나는 '도대체 어디까지 얘기한 거지?'입니다. 청중은 발표자가 어떤 순서로 진행할지 모르면 집중하기 어렵고, 중요한 부분이 어디인지 놓치기 쉽습니다. 특히 프로젝트 보고나 외부 발표처럼 정보가 많은 자리에서는 흐름이 보이지 않으면 금세 산만해지고, 발표자는 중간에 불필요한 질문에 흐름이 끊기기도 합니다.

이번 매뉴얼 2를 배우면 발표자가 오늘 다룰 주제의 흐름을 처음부터 분명하게 제시할 수 있습니다. 청중은 앞으로 어떤 내용을 듣게 될지 예측할 수 있어 집중도가 높아지고, 발표자는 큰 틀을 잡아둔 덕분에 자신감 있게 진행할 수 있습니다. 발표 흐름을 보여주는 단순한 한두 문장이, 발표 전체의 길을 알려주는 핵심 역할을 하게 됩니다.

핵심 문장 미리보기

이번 매뉴얼 2에서는 발표 초반에 오늘 발표의 전체 구조를 보여주는 표현을 다룹니다.

- `발표 개요 제시` 오늘 발표의 전체 흐름을 먼저 보여드리겠습니다.
- `주요 파트 안내` 발표의 주요 파트를 차례대로 안내해 드리겠습니다.
- `참여 유도 및 Q&A 안내` 발표 중 궁금한 점이 있으시면 질문해 주셔도 됩니다.

핵심 문장 1 — 발표 개요 제시
오늘 발표의 전체 흐름을 먼저 보여드리겠습니다.

[Casual]

Here's what we'll be covering today.
오늘 다룰 내용을 소개 드리겠습니다.

Here's a roadmap for today so you can follow along easily.
오늘 발표의 로드맵을 보여드리겠습니다. 발표를 쉽게 따라오실 수 있을 겁니다.

[Formal]

I've broken today's talk into three main parts.
오늘 발표는 세 부분으로 나누어 진행하겠습니다.

Today's presentation is divided into three sections: overview, key findings, and next steps.
오늘 발표는 세 가지 파트로 나뉩니다. 개요, 핵심 결과, 그리고 다음 단계입니다.

This is a quick snapshot of what we'll cover today.
오늘 발표의 전체 개요를 간단히 보여드리겠습니다.

- break 나누다, 구분하다
- snapshot 간단한 개요, 짧은 설명

[Casual] Here's what we'll be covering ~는 가장 기본적이고 대표적인 표현으로, 팀 미팅이나 내부 보고에서 자주 쓰입니다. roadmap은 발표의 구조를 미리 제시해 청중이 흐름을 따라가기 쉽게 만드는 표현입니다.

[Formal] break/divide into는 발표 구조를 명확히 제시해 전문적인 인상을 줍니다. snapshot은 짧은 개요라는 뉘앙스를 담아 전체적인 흐름을 빠르게 보여줄 때 효과적입니다.

핵심 문장 2 — 주요 파트 안내
발표의 주요 파트를 차례대로 안내해 드리겠습니다.

[Casual]

First, we'll start with the background.
먼저, 배경 설명부터 시작하겠습니다.

Next, I'll go over the current challenges.
다음으로 현재의 과제를 살펴보겠습니다.

Finally, we'll look at possible solutions.
마지막으로 가능한 해결책을 살펴보겠습니다.

[Formal]

First, let's begin with a quick update on our sales performance this quarter.
먼저, 이번 분기 매출 실적에 대한 간단한 업데이트부터 시작하겠습니다.

Then, we'll discuss the action plans for the upcoming product launch.
그다음으로, 다가오는 제품 출시를 위한 실행 계획을 논의하겠습니다.

- go over ~을 검토하다, 다시 보다, 자세히 설명하다

[Casual] 발표의 주요 파트를 차례대로 안내하면 청중이 발표 흐름을 쉽게 따라올 수 있습니다. First는 시작점을 분명히 알려줍니다. Next는 다음 주제로 넘어갈 때, Finally는 발표를 정리하며 해결책이나 결론에 집중하게 만드는 신호가 됩니다.

[Formal] First, let's begin은 발표를 주도적으로 여는 공식적인 인상을 주며, Then, we'll discuss는 자연스러운 전환과 논리적 연결을 만드는 표현입니다. 순서 표현은 단순한 연결어가 아니라 발표 전체를 안정적으로 이끄는 길잡이 역할을 합니다.

핵심 문장 3

참여 유도 및 Q&A 안내

발표 중 궁금한 점이 있으시면 질문해 주셔도 됩니다.

[Casual]

Feel free to ask questions at any time.
궁금하신 점 있으시면 언제든 질문해 주셔도 됩니다.

I'll pause after each section for any quick questions.
각 섹션 후에 잠깐 질문을 받겠습니다.

[Formal]

I'd be happy to take a couple of quick questions before we move on to the next section.
다음 파트로 넘어가기 전에 짧은 질문 몇 개만 받겠습니다.

Please save your questions for the Q&A session at the end.
질문은 발표 후 Q&A 시간에 부탁드립니다.

If you have any questions, please note them down and I'll address them during the Q&A.
질문이 있으시면 메모해 두셨다가 Q&A 시간에 말씀해 주세요.

- any time 언제든지, 아무 때나
- at the end 마지막에, 끝날 때

[Casual] 발표 중 질문 시점을 미리 안내하면 발표 흐름이 한결 안정적입니다. Feel free to ask questions ~은 자유로운 분위기에서, pause after each section은 발표 흐름을 유지하며 청중 참여를 유도할 때 적합합니다.

[Formal] I'd be happy to take ~은 잠깐 짧은 질의응답 시간을 알려주는 표현입니다. please note them down ~은 질문을 미리 메모해 두라는 뜻으로 공식 발표나 외부 청중 대상 발표에서 자주 쓰입니다.

 리얼 비즈니스

이 상황은 Sophie가 발표를 시작하면서 오늘 다룰 흐름을 청중에게 안내하는 장면입니다. 발표 아젠다를 먼저 제시하고, 이어서 질문은 언제 할 수 있는지까지 규칙을 분명히 합니다.

Sophie **Hi everyone, thanks for being here today.**
안녕하세요 여러분, 오늘 참석해 주셔서 감사합니다.

Here's what we'll be covering today: three key points.
오늘은 세 가지 핵심 주제를 다룰 예정입니다.

We'll begin with a bit of background, then go over current challenges, and wrap up with some solutions.
먼저 배경 설명을 드리고, 다음으로 현재 과제를 살펴본 뒤, 마지막으로 해결 방안을 말씀드리겠습니다.

James **Sounds good. Will there be time for questions?**
좋네요. 질문할 시간도 있나요?

Sophie **Yes, feel free to ask at any time, or during the Q&A at the end.**
네, 언제든 질문 주셔도 되고, 마지막 Q&A 시간에 하셔도 됩니다.

James **Perfect, that'll help us follow along more closely.**
좋습니다, 그러면 발표를 더 잘 따라갈 수 있겠네요.

 **Manner & Tip**
발표 흐름을 소개할 때 꼭 지켜야 할 매너

1. 발표 시작을 짧고 명확하게 하기

발표 흐름을 설명할 때는 3~4줄 이내의 짧은 문장으로 정리하는 것이 좋습니다. 너무 세세한 설명은 오히려 청중을 지치게 할 수 있습니다. 발표 전체가 아닌 핵심 단계만 보여주면 듣는 사람도 집중도가 올라갑니다.

 "오늘은 세 가지 포인트만 다루겠습니다."와 같이 숫자를 제시하면 이해가 쉽습니다.

2. 청중과 눈을 마주치며 흐름 안내하기

발표 흐름을 소개할 때 청중의 눈을 보며 말하면 내가 발표를 위한 준비된 사람이라는 인상을 줍니다. 단순히 슬라이드만 읽는 것이 아니라 청중에게 직접 설명한다는 태도가 신뢰를 높이고 청중의 높은 집중력도 이끌어 낼 수 있습니다.

 슬라이드의 줄글을 읽지 말고 bullet point만 보고 말로 풀어낸다면 더 자연스럽게 발표할 수 있습니다.

3. 질문에는 열린 태도로 대응하기

청중이 질문을 하고자 한다면 열린 태도가 중요합니다. 질문을 막는 분위기를 주면 발표 전체 흐름이 위축되고 프레젠테이션의 분위기에도 부정적으로 영향을 줄 수 있습니다. "언제든 질문해 주세요" 혹은 "Q&A 시간에도 충분히 다룰 수 있습니다"처럼 유연하게 대응해보세요.

 혹시 발표 중 끊기면 곤란한 부분에 청중이 질문을 한다면 "좋은 질문인데, 이 부분은 뒤에서 더 자세히 다루겠습니다."라고 안내하면 매끄럽습니다.

4. 발표 흐름과 진행 단계를 명확히 안내하기

발표 흐름 안내는 발표의 시간 배분을 알리는 역할도 합니다. 예를 들어, "첫 부분은 짧게 다루고, 핵심은 두 번째 파트에 있습니다"처럼 알려주면 청중은 어떤 부분에 집중해야 하는지 알 수 있습니다.

 청중이 '언제 끝날까?'라는 생각을 안 하게 해 주는 것이 발표자의 책임입니다.

5. 자신감 있는 태도와 톤을 유지하기

발표 흐름을 소개할 때는 말의 선택뿐 아니라 전달하는 태도가 청중에게 큰 영향을 줍니다. 부드럽지만 자신감 있는 어휘와 태도를 유지하면 발표 전체가 훨씬 설득력 있게 다가옵니다.

 고개를 숙이지 않고, 또박또박 말하는 자세는 신뢰감과 안정감을 더해줍니다.

매뉴얼 3

청중의 시선을 끌려면 어떻게 할까?

 핵심 포인트

발표의 시작은 늘 긴장되는 순간입니다. 수십 명의 눈이 나를 향하고 있지만, 정작 청중의 머릿속은 방금 끝난 업무, 쌓인 이메일, 혹은 점심 메뉴에 가 있을 때가 많습니다. 이런 상태에서 단순히 "안녕하세요, 오늘 발표 시작하겠습니다"라고 말하면 어떨까요? 청중은 여전히 딴생각에 머물 가능성이 높습니다. 발표자가 아무리 좋은 자료를 준비했더라도, 첫 순간에 집중을 붙잡지 못하면 발표 시간은 그저 그렇게 흘러가 버립니다.

이번 매뉴얼 3의 표현들을 통해 발표를 변화시켜보세요. 일종의 시선을 붙잡는 언어 장치를 통해 단숨에 발표 분위기를 전환할 수 있습니다. 흥미로운 질문 한마디, 실제 현장에서 들은 짧은 사례, 혹은 숫자로 된 임팩트 있는 사실은 청중의 주의를 확실히 사로잡습니다. 발표를 시작하는 방법을 바꾸는 것만으로, 청중과의 거리를 좁히고 메시지의 설득력을 높일 수 있습니다.

 핵심 문장 미리보기

이번 매뉴얼 3에서는 발표 시작 순간, 참석자의 시선을 사로잡는 대표적인 오프닝 표현을 다룹니다.

- ■ `질문으로 시작` 질문 하나 드리면서 시작해도 괜찮을까요?
- ■ `사실로 주목 끌기` 흥미로운 사실을 하나 알려드리겠습니다.
- ■ `상상으로 몰입 유도` 상상을 한번 해 보시기 바랍니다.

핵심 문장 1 · 질문으로 시작
질문 하나 드리면서 시작해도 괜찮을까요?

[Casual]

Can I start with a question?
질문 하나 드리면서 시작해도 될까요?

What would you do in this situation?
이 상황에서 어떻게 하시겠습니까?

Ever wondered why this keeps happening?
왜 이런 일이 계속 일어나는지 궁금해 본 적 있으신가요?

[Formal]

Why do you think this problem keeps coming back?
왜 이런 문제가 반복된다고 생각하시나요?

What's the first thing that comes to your mind when you hear this?
이 말을 들었을 때 가장 먼저 떠오르는 것은 무엇인가요?

- wonder 궁금해하다, 이상하게 여기다

[Casual] Can I start with a question?은 발표를 자연스럽게 열면서 주의를 모으는 오프닝 문장입니다. What would you do ~?는 상황을 구체적으로 상상하게 만들고, Ever wondered ~?는 일상적인 호기심을 자극해 친근한 분위기를 형성합니다.

[Formal] Why do you think ~?는 청중의 사고를 유도하며 발표 주제의 핵심 문제를 드러내는 질문이고, come to your mind는 청중이 즉각적으로 이미지를 떠올리게 해 주제와 개인적 경험을 연결시킵니다.

핵심 문장 2 · 사실로 주목 끌기
흥미로운 사실을 하나 알려드리겠습니다.

[Casual]
Let me share a surprising fact.
놀라운 사실 하나 말씀드리겠습니다.

Here's something you might not expect.
예상 못 하셨을 수도 있는 내용입니다.

Did you know that 70% of people actually ignore this step?
사람들의 70%가 이 단계를 그냥 넘긴다는 사실, 알고 계셨을까요?

[Formal]
Surprisingly, only 3 out of 10 people follow this process correctly.
놀랍게도, 10명 중 3명만 이 과정을 제대로 따릅니다.

Here's an unexpected trend: customer complaints actually dropped after fewer calls.
예상 밖의 트렌드가 있습니다. 고객 불만이 오히려 콜 수가 줄면서 감소했습니다.

- expect 예상하다, 기대하다
- ignore 무시하다, 간과하다

[Casual] Let me share a surprising fact는 주목도를 높이는 문장이고, Here's something you might not expect는 다소 부드럽게 놀라움의 요소를 던질 때 적합하죠. Did you know that ~?는 구체적인 수치와 결합했을 때 특히 설득력이 큽니다.

[Formal] only 3 out of 10 people처럼 구체적인 수치나 비율을 제시하면 발표의 신뢰감이 강화됩니다. Here's an unexpected trend는 데이터나 결과의 반전 포인트를 강조할 때 유용합니다.

> **핵심문장 3**   (상상으로 몰입 유도)
> # 상상을 한번 해 보시기 바랍니다.

[Casual]

Imagine you're in this situation.
이 상황에 있다고 상상해 보시기 바랍니다.

Picture this: You're launching a new product tomorrow.
이 장면을 떠올려 보시기 바랍니다. 내일이 신제품 출시일이라면요.

Let's all think about this for a moment.
잠시 이 상황에 대해 함께 생각해 보겠습니다.

[Formal]

Let's take a mental walk through the customer journey.
고객 여정을 머릿속으로 따라가 보겠습니다.

Let's put ourselves in the client's shoes for a moment.
잠시 고객의 입장이 되어 보겠습니다.

- situation 상황, 환경
- mental 마음속의, 정신적인

[Casual] Imagine you're in this situation은 청중을 구체적인 장면 속으로 끌어들이고, Picture this는 스토리텔링 방식으로 발표를 생생하게 만듭니다. Let's all think about ~는 함께 사고를 시작하게 하는 자연스러운 전환 표현입니다.

[Formal] a mental walk through the customer journey는 고객 관점에서 발표 주제를 탐색할 때 특히 유용하며, Let's put ourselves in the client's shoes는 청중이 발표 주제를 개인적 경험과 연결하도록 돕습니다.

리얼 비즈니스

이 상황은 Mina가 제품 론칭 직전 발표를 시작하는 장면입니다. 청중의 주의를 끌기 위해 질문으로 오프닝을 열고, 이어서 충격적인 통계 수치를 제시합니다. 청중이 발표 흐름 속에 직접 참여하도록 이끄는 표현들도 사용합니다.

Mina Hi everyone. Can I start with a question?
여러분, 안녕하세요. 질문 하나 드리면서 시작해도 될까요?

Alex Sure, go ahead.
네, 말씀해 보세요.

Mina What would you do if your product launch were tomorrow, but your team had no idea about the plan?
내일이 제품 출시일인데, 팀이 아무 준비도 안 되어 있다면 어떻게 하시겠어요?

Alex Wow, that'd be a disaster.
와, 진짜 큰일이겠네요.

Mina Let me share a surprising fact. 70% of product teams actually skip the internal alignment step.
놀라운 사실 하나 공유드릴게요. 제품팀의 70%가 내부 조율 단계를 그냥 넘긴답니다.

So imagine you're in that situation. Let's take a closer look at how we might solve it.
그런 상황에 있다고 상상해 보세요. 이제 어떻게 해결할 수 있을지 좀 더 들여다보겠습니다.

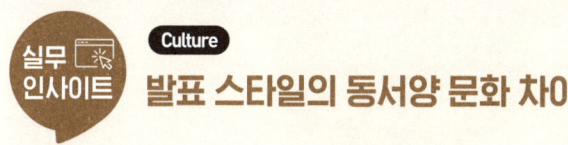

발표 스타일의 동서양 문화 차이

발표를 잘한다는 것은 단순히 내용을 전달하는 것을 넘어, 청중의 문화적 배경을 이해하는 것에서 시작됩니다. 같은 오프닝이라도 문화에 따라 반응이 다르기 때문에, 글로벌 환경에서는 문화 차이를 고려한 접근이 중요합니다.

서구권 발표에서는 청중과의 즉각적인 상호작용을 중시합니다.

Presenter Can I start with a question? What would you do if your product launch were tomorrow?
질문 하나 드리면서 시작해도 될까요? 만약 내일이 제품 출시일이라면 어떻게 하시겠습니까?

Audience Hmm, interesting question. I'd probably panic!
흥미로운 질문이네요. 아마도 당황했을 것 같아요!

이처럼 질문형 오프닝은 사고를 자극하고, 발표를 자연스러운 양방향 대화로 만듭니다.

한국이나 일본 등 동양권에서는 청중이 조용히 집중해 듣는 것이 더 자연스럽습니다.

Presenter Let me share a surprising fact. Did you know that 70% of teams skip the alignment step?
놀라운 사실 하나 말씀드리겠습니다. 팀의 70%가 내부 조율 단계를 그냥 건너뛴다는 사실, 알고 계셨나요?

Audience (조용히 고개를 끄덕이며 메모한다)

초반에 질문을 던져도 바로 반응이 없을 수 있지만, 이는 무관심이 아니라 문화적 특성입니다. 따라서 동양권 청중 앞에서는 질문보다는 흥미로운 사실이나 짧은 스토리로 시작하는 방식이 효과적입니다. 즉각적인 반응이 없더라도 발표가 실패한 것은 아닙니다. 청중은 발표를 끝까지 들은 뒤 조용히 생각하고 반응합니다.

매뉴얼 4

핵심 메시지 딱 전달하기

 핵심 포인트

발표에서 가장 아쉬운 순간은 핵심을 말했는데도 청중이 잘 기억하지 못하는 경우입니다. 수많은 자료와 그래프를 보여주고 긴 설명을 이어가다 보면, 정작 전달하고 싶은 한 줄 메시지가 흐려지기 쉽습니다. 또한, 중간에 요점을 제대로 짚어주지 않으면 청중의 집중은 급격히 떨어집니다. 청중 입장에서는 발표자의 말이 길수록 '그래서 요점이 뭐지?'라는 의문이 남게 됩니다.

이번 매뉴얼을 배우면 발표자가 전하고자 하는 핵심 메시지를 짧고 강하게 각인시킬 수 있습니다. 불필요한 설명을 걷어내고, 꼭 기억해야 할 문장을 명확히 전달하면 청중은 발표 내용을 단순히 '듣는 것'이 아니라 '기억하는 것'으로 전환합니다. 핵심 메시지를 딱 잡아주면 발표 전체가 훨씬 선명해집니다.

 핵심 문장 미리보기

이번 매뉴얼 4에서는 발표 중간에 메시지를 강하게 각인시키는 표현들을 다룹니다.

- `핵심 요약` 핵심만 간단히 말씀드리겠습니다.
- `핵심 강조` 이게 바로 오늘 발표의 핵심입니다.
- `이유 설명` 그래서 이게 중요한 이유는 바로 이것입니다.

핵심 문장 1 — 핵심 요약
핵심만 간단히 말씀드리겠습니다.

[Casual]

Let me cut to the chase.
핵심부터 말씀드리겠습니다.

To boil it down to one key point, it's simple.
한마디로 요약하자면, 간단합니다.

Here's the bottom line.
핵심만 말씀드릴게요.

[Formal]

The bottom line is that our sales grew by 15% this quarter.
핵심은 이번 분기 매출이 15% 성장했다는 점입니다.

To boil it down, we need more resources to meet the deadline.
요약하자면, 마감을 맞추려면 더 많은 리소스(인력, 시간, 예산 등)가 필요합니다.

- cut to the chase 군더더기 없이 본론으로 들어가다
- boil it down (정보를) 요약하다
- bottom line 핵심, 결론

[Casual] cut to the chase는 장황한 설명을 건너뛰고 본론으로 들어갈 때 쓰이고, boil it down은 복잡한 내용을 간단히 요약할 때 효과적입니다. bottom line은 최종 결론을 강조해 청중이 반드시 기억해야 할 포인트를 짚어줍니다.

[Formal] The bottom line is that ~ 구문은 '핵심은 ~이다'라는 뜻으로, 수치·성과·결론을 강조할 때 자주 쓰입니다. meet the deadline은 '마감일을 맞추다'라는 실무 표현으로, 계획의 실행력을 강조할 때 자연스럽게 이어집니다.

핵심문장 2 〔핵심 강조〕 이게 바로 오늘 발표의 핵심입니다.

[Casual]

This is the crux of today's talk.
이게 오늘 발표의 핵심입니다.

If you take away just one thing from this presentation, it's this.
오늘 발표에서 딱 한 가지만 기억하신다면, 바로 이것입니다.

Everything else leads to this key idea.
나머지 모든 내용은 이 핵심 개념으로 연결됩니다.

[Formal]

The crux of our strategy is customer trust.
우리 전략의 핵심은 고객 신뢰입니다.

If you remember just one thing today, it's that alignment drives success.
오늘 딱 한 가지만 기억하신다면, 조율이 성공을 이끈다는 점입니다.

- crux 가장 중요한 요점, 핵심
- lead to ~로 귀결된다, 이어진다
- take away 기억하다, 마음에 담다

[Casual] crux는 가장 중요한 요지를 강조할 때, take away는 오늘 꼭 기억해야 할 메시지를 남길 때 자주 쓰입니다. 또 lead to는 여러 자료와 설명이 결국 이 핵심으로 이어진다는 점을 보여줍니다.

[Formal] The crux of our strategy is ~는 전략의 중심 가치를 제시할 때 사용되며, If you remember just one thing today, it's that ~은 청중에게 주요 포인트를 강조하며 인상 깊게 결론을 맺을 때 적합합니다.

핵심 문장 3 · 이유 설명
그래서 이게 중요한 이유는 바로 이것입니다.

[Casual]

Here's why this really matters.
이게 정말 중요한 이유는 이렇습니다.

The implications of this are huge.
이건 시사하는 바가 큽니다.

Let me unpack why this is a game-changer.
왜 이게 판도를 바꿀 만한 요소인지 설명드리겠습니다.

[Formal]

Here's why this really matters: it cuts onboarding time by 30% and saves 50 million KRW per quarter.
이게 중요한 이유는 분명합니다. 신규 직원 교육 기간을 30% 줄이고, 분기마다 5천만 원의 비용을 절감합니다.

The implication is clear: we need to migrate before October 15 to avoid penalties.
시사점은 분명합니다. 위약금을 피하려면 10월 15일 이전에 전환해야 합니다.

- implication 영향
- game-changer 판을 뒤흔드는 요소
- unpack 자세히 설명하다, 해석하다

[Casual] matter는 발표 중 '이 부분이 왜 중요한가'를 부드럽게 강조할 때 쓰이며, implication은 결과나 시사점을 짚으며 결론으로 자연스럽게 이어집니다. unpack은 복잡한 아이디어를 차근히 풀어 설명해 청중의 이해를 돕는 표현입니다.

[Formal] Here's why this really matters나 The implication is clear 뒤에 구체적인 수치나 결과를 덧붙이면 메시지가 명확해지고, 청중이 핵심 포인트를 빠르게 이해할 수 있습니다.

이 상황은 Emily가 발표 도중 핵심 메시지를 강조하는 장면입니다. 단순한 설명을 넘어 본론을 명확히 짚어 주는 표현을 사용합니다. 실제 현업 발표에서 핵심 요지를 짧게 전달하고, 곧바로 사례와 근거를 덧붙이는 흐름을 확인해 보세요.

Emily **Let me cut to the chase.**
핵심부터 말씀드리겠습니다.

The crux of today's talk is how to keep our customers coming back.
오늘 발표의 핵심은 고객이 다시 찾아오게 만드는 방법입니다.

If you take away just one thing from this session, it's this. **The easier the first step, the more people stay.**
오늘 발표에서 꼭 기억하셨으면 하는 건, 시작이 쉬울수록 고객이 오래 남는다는 것입니다.

Olivia **That makes sense. Can you give an example?**
이해됩니다. 예시를 들어주실 수 있으실까요?

Emily **One-click sign-up works well.** **Here's why this really matters.** **If it feels complicated at first, people quit quickly.**
클릭 한 번으로 가입이 끝나면 효과적입니다. 중요한 이유는, 처음부터 복잡하다고 느껴지면 금방 포기하기 때문이에요.

Olivia **Thanks for boiling it down so clearly.**
핵심만 딱 짚어 주셔서 감사합니다.

 **Manner & Tip**
발표에서 '핵심'을 더 강하게 남기는 전달법

1. 문장보다 '시선'을 먼저 던지세요.

말을 시작하기 전, 단 2초만 청중을 바라보세요. 눈을 마주치는 그 짧은 순간이 "이제 핵심이 나온다"는 신호가 됩니다. 시선이 없으면 아무리 좋은 문장도 공중에 흩어집니다.

 핵심 전에는 문장보다 '눈'으로 먼저 청중을 집중시키세요.

2. '핵심 문장'은 한 박자 느리게!

"Let me cut to the chase," 또는 "The crux of today's talk is customer trust." 이런 문장은 빠르게 말하면 힘이 약해집니다. 문장 끝을 한 박자 천천히 내려 말하면 확신이 전해집니다.

 속도와 리듬이 메시지의 무게를 결정합니다.

3. 손짓은 문장의 쉼표처럼 사용하세요.

핵심을 말할 때 손동작이 많으면 오히려 산만해집니다. 내용의 전환점이나 요약, 강조 순간에만 짧게 사용하세요. 한 손 제스처가 훨씬 자연스럽고 안정적입니다.

 손짓은 강조의 '도구'가 아니라 문장에 리듬을 주는 '쉼표'입니다.

4. 숫자·결론·행동을 강조할 때는 시각 자료보다 '입'을 믿으세요.

슬라이드보다 발표자의 말이 훨씬 오래 기억됩니다. 숫자를 말할 때는 화면을 보지 말고 청중을 직접 바라보세요. 그 한 문장이 진짜 결론이 됩니다.

 중요한 수치일수록 화면이 아닌 '말'로 강조하세요.

매뉴얼 5

음원 듣기

근거와 사례로 설득하기

 핵심 포인트

발표에서 흔히 겪는 난관은 좋은 아이디어를 말했는데도 청중이 고개를 끄덕이지 않는 순간입니다. 아무리 논리가 맞고 말이 매끄러워도, "근거가 뭐죠?"라는 질문이 나오면 발표자의 자신감이 흔들리기 쉽습니다. 실제 직장인들도 보고서 발표나 프로젝트 제안에서 숫자, 데이터, 구체적인 사례를 빠뜨린 채 설명하다가 설득력을 잃는 경우가 많습니다.

이번 매뉴얼을 배우면 단순히 주장하는 수준을 넘어 근거와 사례로 뒷받침된 설득력 있는 발표를 할 수 있습니다. 숫자와 데이터, 혹은 실제 성공 사례를 곁들이면 청중은 '이건 단순한 아이디어가 아니라 검증된 내용이구나'라고 받아들입니다. 발표자가 제시하는 근거가 구체적일수록 청중은 발표를 신뢰하게 됩니다.

 핵심 문장 미리보기

이번 매뉴얼 5에서는 발표에서 주장을 설득력 있게 만드는 근거와 사례 제시에 꼭 필요한 표현들을 다룹니다.

- `데이터 제시` 이걸 뒷받침할 만한 데이터가 있습니다.
- `사례 제시` 이걸 보여주는 좋은 사례가 있습니다.
- `근거 제시` 왜 이 방법이 효과적인지 말씀드리겠습니다.

핵심문장 1

[데이터 제시]
이걸 뒷받침할 만한 데이터가 있습니다.

[Casual]

Let me show you some data to back this up.
이걸 뒷받침할 데이터를 보여드리겠습니다.

The numbers clearly support this point.
숫자가 이 점을 명확히 뒷받침해줍니다.

Here's what the data tells us.
데이터가 말해주는 바는 이렇습니다.

[Formal]

The data shows a 25% drop in churn, which means our strategy is working.
데이터에 따르면 이탈률이 25% 줄었습니다. 즉, 우리 전략이 효과를 내고 있다는 뜻입니다.

Here's what the numbers tell us: customer satisfaction is directly linked to faster response times.
숫자가 말해주는 건, 고객 만족도가 응답 속도와 직접적으로 연결된다는 점입니다.

- back up 지지하다, 뒷받침하다
- support 근거를 대다, 입증하다

[Casual] back this up은 구체적인 자료를 제시할 때, support는 숫자·통계로 논리를 강화할 때 자주 쓰입니다. Here's what the data tells us는 데이터와 핵심 메시지를 연결할 때 효과적입니다.

[Formal] The data shows a 25% drop in churn, which means ~는 단순한 수치 보고가 아니라 결과의 의미를 해석해 설득력을 높이고, Here's what the numbers tell us ~는 데이터를 결론으로 이끄는 공식적인 연결 표현입니다.

핵심 문장 2 — 사례 제시
이걸 보여주는 좋은 사례가 있습니다.

[Casual]

Let me give you a quick example.
간단한 예를 하나 들어드리겠습니다.

This case really illustrates my point.
이 사례가 제 주장을 잘 보여줍니다.

A real-world case can explain it better.
실제 사례가 더 잘 설명해 드릴 수 있습니다.

[Formal]

Let me give you a quick example from our client project last year.
작년 고객 프로젝트에서 나온 간단한 예를 들어드리겠습니다.

This real-world case shows how we reduced costs by 20%.
이 실제 사례는 우리가 비용을 20% 절감한 방법을 보여줍니다.

- case 사례, 경우
- illustrate 설명하다, 보여주다

[Casual] quick example은 사례를 제시할 때 효과적이고, illustrate my point는 자신의 주장을 뒷받침하는 실제 사례를 들어 설득력을 높입니다. real-world case는 청중이 공감할 수 있는 실제 상황을 보여줄 때 자연스럽습니다.

[Formal] from our client project last year처럼 구체적인 출처를 밝히며 신뢰감을 높일 수 있으며, we reduced costs by 20%와 같이 구체적인 수치와 결과를 제시해, 전문성과 설득력을 동시에 높입니다.

핵심문장 3 `근거 제시`
왜 이 방법이 효과적인지 말씀드리겠습니다.

`Casual`
This shows why the method actually works.
이 방법이 실제로 효과적인 이유가 여기에 있습니다.

So, what does this tell us? That this approach works.
이게 우리에게 말해주는 건 뭘까요? 바로 이 접근이 효과 있다는 겁니다.

The results speak for themselves.
결과가 모든 것을 말해줍니다.

`Formal`
The results speak for themselves: our response time dropped from 24 hours to just 3.
결과가 모든 걸 보여줍니다. 대응 시간이 24시간에서 단 3시간으로 줄었습니다.

This shows why the method actually works; It increased customer retention by 15%.
이 방법이 효과적인 이유는 고객 유지율이 15% 증가했기 때문입니다.

- approach 접근법, 방법
- speak for itself 굳이 말하지 않아도 증명되다

`Casual` 실무 발표에서는 왜 효과적인지 논리와 근거를 함께 제시해야 신뢰를 얻을 수 있습니다. actually work는 실행 가능성과 현실성을 강조할 때 유용하며, what does this tell us?처럼 청중과의 대화식 표현도 효과적입니다.

`Formal` results speak for themselves는 성과가 곧 증거라는 메시지를 전달합니다. from 24 hours to just 3처럼 구체적 수치를 제시하거나 It increased customer retention by 15%처럼 성과와 연결된 근거를 덧붙이면 설득력이 크게 높아집니다.

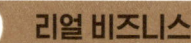 **리얼 비즈니스**

이 상황은 Emma가 발표 중 데이터와 사례로 주장을 설득하는 장면입니다. 먼저 수치 데이터를 제시해 방법의 효과를 입증하고, 이어서 실제 사례를 덧붙여 신뢰도를 높입니다.

Emma Let me show you some data to back this up.
이걸 뒷받침할 데이터를 보여드리겠습니다.

Jay Okay, simple numbers are always helpful.
네, 간단한 수치가 항상 도움이 되죠.

Emma This shows why the method actually works.
Sales went up right after we tried it.
이게 이 방법이 실제로 효과 있는 이유입니다.
시도하고 나서 매출이 올랐습니다.

Jay That's clear. Do you have a real-world case as well?
명확하네요. 실제 사례도 있나요?

Emma Yes, one store in Busan applied the same method and achieved great results.
네, 부산의 한 매장이 같은 방법을 적용해 좋은 성과를 거뒀습니다.

Jay The results speak for themselves, then.
그럼 결과가 다 말해주네요.

실무 인사이트 **Culture**
근거로 말하는 문화, 신뢰로 이어지는 설득

통역을 하다 보면 한국과 서구권의 발표 설득 방식이 뚜렷이 다르다는 걸 느낍니다.

한국인은 "이 방법이 좋습니다."라고 말한 뒤 청중의 반응을 살피며 조심스럽게 근거를 덧붙입니다. 반면 서구권 발표자는 "Let me give you three reasons why this is a good idea."(이게 좋은 이유는 세 가지입니다.)라며 처음 부터 근거를 제시합니다. 즉, 한국식 발표가 '의견 → 공감'의 흐름이라면, 서구권은 '근거 → 확신'의 흐름입니다. 글로벌 무대에서는 근거 중심의 구조 가 더 빠르게 신뢰를 얻습니다.

감정이 아니라 데이터로 말할 때, 청중은 발표자의 확신을 '전문성'으로 받아들입니다.

한 대기업 임원 발표 통역 중, 발표자가 "우리는 고객 만족을 위해 노력하고 있습니다." 라고 말하자 외국 바이어가 "How exactly?"(정확히 어떻게요?)라고 물었습니다. 순간 정적이 흘렀고, 발표자는 "Hmm... we're running several programs."(음... 여러 프로그램을 운영 중입니다.)라고 답했죠. 만약 "Customer satisfaction rose 12% after we launched our support program."(지원 프로그램을 출시한 후 고객 만족도가 12% 상승했습니다.)이라고 말했다면 그 한 문장만으로 신뢰의 무게 가 달라졌을 겁니다.

한국에서는 겸손이 미덕이지만, 영어권 청중에게는 자신감 부족으로 보일 수 있습니다.

확신과 근거는 거만함이 아니라 '준비된 전문가의 언어'입니다. 결국 발표에서 설득이란 상대를 이기는 것이 아니라 상대를 안심시키는 것입니다. 근거와 사례는 그 안심의 언어이며, 그 언어는 "I'm not just saying this. I can prove it."(말뿐이 아닙니다. 근거로 보여드릴 수 있습니다.)로 귀결 됩니다.

매뉴얼 6

청중과 소통 이어가기

핵심 포인트

발표는 단순히 정보를 전달하는 데서 끝나지 않습니다. 청중이 고개를 끄덕이며 집중하는 순간도 있지만, 눈길이 점점 멀어지고 휴대폰을 확인하는 순간도 분명 찾아옵니다. 발표자가 청중에게 짧은 질문을 던지거나, 청중의 반응을 확인하며 호흡을 맞춰야 발표장의 분위기가 다시 살아납니다.

실무에서는 발표 내용 그 자체보다도 청중이 얼마나 적극적으로 참여했는지가 성패를 가르는 경우가 많습니다. 소통을 이어가는 표현을 잘 활용하면, 청중은 단순한 '청취자'가 아니라 함께 사고하고 의견을 나누는 '참여자'가 됩니다. 이 매뉴얼을 배우면 발표자는 흐름을 잃지 않고, 청중은 끝까지 몰입하며 발표의 메시지를 더 오래 기억하게 됩니다.

핵심 문장 미리보기

이번 매뉴얼 6에서는 발표 중 청중과 소통을 이어갈 때 꼭 필요한 표현들을 다룹니다.

- `참여 유도` 의견 있으시면 자유롭게 말씀해 주셔도 됩니다.
- `이해도 확인` 지금까지 내용, 괜찮으셨나요?
- `질문 응답` 좋은 질문 감사합니다.

핵심문장 1 〔참여 유도〕
의견 있으시면 자유롭게 말씀해 주셔도 됩니다.

〔Casual〕

Feel free to jump in if you have thoughts.
의견 있으시면 자유롭게 말씀해 주셔도 됩니다

If you agree, give me a quick nod or thumbs up.
동의하신다면, 고개를 끄덕이거나 손을 들어주시기 바랍니다.

Let me know if I'm going too fast.
혹시 속도가 빠르면 말씀해 주시면 감사하겠습니다.

〔Formal〕

Could I get a quick show of hands if you agree?
동의하신다면 손 한번 들어주시겠어요?

Please let me know with a quick nod if everything's clear so far.
지금까지 이해되셨다면 고개를 가볍게 끄덕여 주시기 바랍니다.

- jump in 대화에 끼어들다, 말에 참여하다
- nod 고개를 끄덕이다

〔Casual〕 Feel free to jump in은 자유로운 분위기를 조성할 때 적합하고, a quick nod or thumbs up은 간단한 반응을 끌어낼 때 유용합니다. Let me know if I'm going too fast는 청중을 배려하며 발표 속도를 점검할 수 있습니다.

〔Formal〕 발표 중에는 청중이 단순히 듣는 것에 그치지 않고 a quick show of hands처럼 작은 방식으로 반응하도록 유도하는 것도 효과적입니다. 간단한 요청을 더하면 참여의 문턱을 낮추고 분위기를 한층 활발하게 만들 수 있습니다.

핵심문장 2

(이해도 확인)
지금까지 내용, 괜찮으셨나요?

[Casual]

Is everything making sense so far?
지금까지 내용 이해되시나요?

Are we all on the same page?
다들 이해하고 계신가요?

Should I pause here for any questions?
여기서 잠시 멈추고 질문받는 게 좋을까요?

[Formal]

If this is clear, could you give me a quick signal?
이해되셨다면, 간단히 신호를 주시겠어요?

Please raise your hand if you'd like me to slow down.
속도를 늦추길 원하시면 손을 들어 알려주세요.

- make sense 이해가 되다, 논리적으로 맞다
- pause 잠시 멈추다

[Casual] make sense는 이해 여부를 묻는 표현이고, on the same page는 팀 전체가 같은 이해 수준에 있는지 점검할 때 자주 쓰입니다. Should I pause here ~?는 발표 흐름을 깨지 않으면서 질문할 기회를 열어주는 배려 있는 표현입니다.

[Formal] give me a quick signal은 손짓이나 고개 끄덕임 등 간단한 반응을 요청할 때 공식적인 자리에서도 부담 없이 사용할 수 있고, raise your hand는 청중의 이해 상태를 시각적으로 확인할 때 자주 쓰이는 표현입니다.

핵심문장 3 [질문 응답] 좋은 질문 감사합니다.

[Casual]

That's a great question. Thanks for bringing it up.
좋은 질문 감사합니다. 말씀해 주셔서 감사합니다.

Interesting point. Let's explore that together.
흥미로운 지적 감사합니다. 함께 살펴보겠습니다.

Thanks for the input.
I'll get back to that in just a second.
의견 감사합니다. 곧 그 부분도 말씀드리겠습니다.

[Formal]

That's an important point.
I'll follow up with more detail after the session.
중요한 지적 감사합니다. 세션 이후에 더 자세히 말씀드리겠습니다.

I really value that question.
Let me circle back to it in a few minutes.
그 질문 정말 의미 있네요. 잠시 후 다시 다루겠습니다.

- bring up (주제나 질문 등을) 꺼내다, 제기하다

[Casual] Thanks for bringing it up은 질문자를 존중하며 분위기를 긍정적으로 만들고, Let's explore that together는 함께 논의하는 태도를 보여줍니다. 또 get back to that는 흐름을 유지하면서도 곧 답변하겠다는 의미입니다.

[Formal] after the session은 격식을 지키며 후속 답변을 약속할 때, circle back은 잠시 후 다시 돌아오다라는 뜻으로 발표 흐름을 끊지 않고 질문을 보류할 때 정중하게 쓰입니다. 이런 표현을 활용하면 발표자는 전문성과 여유를 동시에 드러내며, 질문을 긍정적으로 받아들이고 자연스럽게 다음 단계로 이어갈 수 있습니다.

리얼 비즈니스

이 상황은 팀 미팅 중 발표자가 청중의 이해도를 확인하면서 자연스럽게 소통하는 장면입니다. Jake가 슬라이드 내용을 질문하자, Emma는 질문을 환영하며 구체적으로 다시 설명해 줍니다.

Emma **Is everything making sense so far?**
지금까지 내용 이해되시나요?

Jake **Yes, so far so good. But I do have one question.**
네, 지금까지는 괜찮아요. 근데 질문이 하나 있습니다.

Emma **Sure, feel free to jump in!**
물론입니다, 자유롭게 말씀 부탁드립니다!

Jake **On slide 3, what exactly does that number represent?**
3번 슬라이드에 나온 숫자가 정확히 무엇을 의미하나요?

Emma **That's a great question. Thanks for bringing it up.**
좋은 질문 감사합니다. 말씀해 주셔서 감사합니다.

Let me explain that part again, just to make sure it's clear.
분명하게 이해되시도록 그 부분 다시 설명드리겠습니다.

That number represents the growth rate of new customers over the past quarter.
그 숫자는 지난 분기 신규 고객의 성장률을 의미합니다.

Vocabulary

발표 흐름을 자연스럽게 이어주는 표현

1. clarify 명확히 하다, 분명히 설명하다

Let me clarify what that number means.
그 숫자가 의미하는 바를 명확히 설명드리겠습니다.

2. break down 세분화하다, 분석하다

Let's break down the data by quarter.
데이터를 분기별로 나눠 살펴봅시다.

3. walk through 차근차근 설명하다

I'll walk you through the process step by step.
절차를 단계별로 차근차근 설명드리겠습니다.

4. highlight 강조하다

I'd like to highlight the key trend here.
여기서 핵심 트렌드를 강조하고 싶습니다.

5. drill down 세부적으로 파고들다

Let's drill down into the numbers for Region A.
A 지역 숫자를 세부적으로 파고들어 봅시다.

6. takeaway 핵심 교훈, 얻을 점

The main takeaway from this chart is customer loyalty.
이 차트에서 얻을 수 있는 핵심은 고객 충성도입니다.

매뉴얼 7

음원 듣기

발표 내용 한눈에 정리하기

핵심 포인트

발표가 길어질수록 청중은 핵심을 놓치기 쉽습니다. 발표자가 다양한 데이터와 사례를 제시했더라도, 마지막에 정리 없이 끝내면 청중은 '그래서 결론이 뭔가?'라는 의문을 갖게 됩니다. 특히 바쁜 실무자들은 발표 전체 내용을 다 기억하기보다, 마지막 정리된 몇 줄에 집중하는 경우가 많습니다.

따라서 발표 말미에 핵심 메시지를 한눈에 정리해 주는 단계는 필수적입니다. 주요 포인트를 짧고 명확하게 정리하면 청중은 발표 내용을 다시 구조화할 수 있고, 발표자는 전달력을 극대화할 수 있습니다. 이 매뉴얼을 익히면 "들어도 남지 않는 발표"가 아니라 "핵심이 또렷하게 기억되는 발표"로 마무리할 수 있습니다.

핵심 문장 미리보기

이번 매뉴얼 7에서는 발표의 마지막에 전체를 요약하고 정리하는 표현들을 다룹니다.

- `마지막 핵심 정리` 지금까지 내용을 정리해 드리겠습니다.
- `시각적 정리` 표로 정리하면 이렇게 됩니다.
- `결론 강조` 이게 핵심입니다.

핵심 문장 1 — 마지막 핵심 정리
지금까지 내용을 정리해 드리겠습니다.

[Casual]

I'll give you a brief rundown of today's key takeaways.
오늘의 핵심 내용을 간단히 정리해드리겠습니다.

Here's a quick recap of the key points.
핵심만 간단히 요약한 것입니다.

So far, we've talked about three main things.
지금까지 세 가지 주요 내용을 다뤘습니다.

[Formal]

Here's a quick recap—first, the background; second, the challenges; and third, the solutions.
오늘 핵심을 간단히 정리하자면, 첫째 배경, 둘째 과제, 셋째 해결책입니다.

Let me highlight today's key takeaway: keep the first step simple.
오늘 꼭 기억하실 점은 첫 단계를 단순하게 만드는 것입니다.

- rundown 간략한 설명, 개요, 요약
- recap 요약하다, 정리하다, 요약

[Casual] brief rundown은 핵심을 짧게 짚어줄 때 쓰이며, 발표 길이 조율에도 적합합니다. quick recap은 짧게 복습한다는 뉘앙스로, 발표 중간과 끝에 자연스럽게 쓰입니다. So far은 지금까지의 흐름을 단계적으로 되짚어보는 연결어입니다.

[Formal] First / Second / Third 구조는 공식 발표에서 논리적 요약을 제시할 때 자주 쓰이며, 명확한 단계 구분에 효과적입니다. key takeaway는 핵심 포인트 또는 반드시 기억해야 할 내용이라는 뜻으로, 결론 부분에서 메시지를 강조할 때 이상적입니다.

핵심문장 2 〔시각적 정리〕 표로 정리하면 이렇게 됩니다.

[Casual]
Here's how it looks in one chart.
한 장의 차트로 보면 이렇게 됩니다.

I've put everything together in this table.
모든 내용을 이 표에 담았습니다.

This visual gives you the full picture.
이 그림이 전체 흐름을 보여줍니다.

[Formal]
I've put everything together in this table to make the comparison clearer.
비교가 더 명확히 보이도록 모든 내용을 이 표에 정리했습니다.

This visual gives you the full picture—from strategy to actual performance.
이 그림은 전략부터 실제 성과까지 전체 흐름을 한눈에 보여줍니다.

- table 표

[Casual] in one chart는 복잡한 내용을 시각적으로 요약할 때, 비슷한 표현인 in this table은 언급한 내용을 깔끔하게 표로 정리해 보여줄 때 유용합니다. This visual gives you the full picture는 전체 맥락을 보여준다는 의미를 강조합니다.

[Formal] make the comparison clearer는 비교 포인트를 더 명확히 드러내는 표현이고, from strategy to actual performance는 전략부터 실제 성과까지 전체 흐름을 한눈에 보여줄 때 효과적입니다.

핵심 문장 3 〔결론 강조〕 이게 핵심입니다.

[Casual]

This is what I want you to remember.
꼭 기억해 주셨으면 하는 부분입니다.

Keep this in mind—it ties everything together.
이 부분만 기억하시면 됩니다. 모든 내용이 여기에 연결됩니다.

This is the heartbeat of the message.
이게 중심 메시지입니다.

[Formal]

If you remember just one thing from today, let it be this.
오늘 내용에서 한 가지만 기억하신다면, 바로 이것입니다.

Everything we discussed points back to this central idea.
오늘 다룬 모든 내용은 이 핵심 아이디어로 연결됩니다.

- tie (서로 다른 요소들을) 연결하다, 엮다
- point back to 결국 ~로 귀결된다
- heartbeat 핵심, 중심이 되는 부분

[Casual] what I want you to remember는 기억해 주길 바라는 핵심 포인트를 자연스럽게 전달하고, Keep this in mind는 핵심을 정리하며 강조할 때 자주 쓰입니다. 또 heartbeat은 감각적인 표현으로 메시지의 본질적 가치를 강조합니다.

[Formal] If you remember just one thing은 결론을 강조할 때 자주 쓰이는 마무리 표현입니다. point back to는 전체 내용을 하나로 묶을 때 효과적입니다. 이런 표현들은 발표자의 메시지를 강하게 각인시키는 마지막 한 문장이 됩니다.

 **리얼 비즈니스**

아래 상황은 Emma가 팀 미팅을 마무리하며 발표 내용을 정리하는 장면입니다. 회의 초반에 논의된 목표와 진행 상황을 간단히 요약하고, 핵심을 시각화해 청중의 이해를 돕습니다.

Emma **Alright, let me give you a brief rundown of today's key takeaways.**
자, 오늘 핵심 내용 간단히 정리해 드리겠습니다.

So far, we've talked about three main things—our goal, the current status, and next steps.
지금까지 목표, 현재 상황, 그리고 다음 단계에 대해 말씀드렸습니다.

I've put everything together in this simple chart for you.
모든 내용을 이 간단한 차트로 정리했습니다.

Jake **That's really clear. Thanks for organizing it like that.**
정말 보기 쉽네요. 이렇게 정리해 주셔서 감사합니다.

Emma **This is the heartbeat of the message—moving forward as a team.**
이게 오늘 메시지의 핵심입니다. 팀으로서 함께 나아가는 것입니다.

If you remember just this one idea, we're on the right track.
이 핵심만 기억하셔도 올바른 방향으로 가고 있는 것입니다.

발표의 완성은 '태도'에서 시작된다

통역과 MC로 수많은 발표 현장을 지켜보며 느낀 점이 있습니다. 어떤 발표는 시작부터 청중의 시선을 사로잡지만, 어떤 발표는 내용이 좋아도 집중이 금세 흐트러집니다. 그 차이를 만드는 것은 결국 발표자의 태도와 준비된 표현이었습니다. 제가 현장에서 직접 경험하며 "이건 꼭 챙겨야 한다"고 느낀 포인트들을 소개합니다.

1. 시작은 간결하게 말하기

어느 국제회의에서 발표자가 인사말만 5분을 했던 적이 있어요. 청중들은 벌써 피곤한 표정이었습니다. 시작은 간단할수록 좋습니다. 오늘 주제가 무엇인지만 딱 알려주면 청중은 안심하고 발표를 따라갑니다.

 인사말은 짧게, 주제는 명확하게. 시작 30초 안에 핵심을 던지세요.

2. 발표의 지도 보여주기

제가 MC로 진행한 행사에서, 한 연사가 발표 초반에 로드맵을 딱 보여줬는데 청중이 정말 집중하는 게 느껴졌습니다. 반대로 흐름 없이 말만 이어가면 '지금 어디쯤 왔지?' 하고 헷갈려합니다. 큰 그림을 미리 보여주는 건 발표의 길잡이 역할을 합니다.

 슬라이드 초반에 로드맵을 제시하면 청중의 집중도가 높아집니다.

3. 질문으로 끌어들이기

해외 무대에서는 질문 하나로 분위기가 확 달라집니다. 제가 본 한 발표자는 "What would you do in this situation?" 하고 물었는데, 청중이 웃으면서 반응하는 걸 봤습니다. 발표가 단순 전달이 아니라 대화처럼 느껴지는 순간이라고 할 수 있습니다. 하지만 때론 청중이 반응이 없을 수 있습니다. 하지만 그건 무관심이 아니라는 것을 기억해 봅시다.

 생각을 자극하는 질문 한 줄로 분위기를 전환하세요.

117

매뉴얼 8

음원 듣기

마지막에 꼭 강조할 포인트 리마인드하기

 핵심 포인트

발표에서 가장 쉽게 간과되는 순간은 바로 마지막 정리 단계입니다. 발표자가 아무리 많은 내용을 전달했어도 청중은 시간이 지나면서 대부분을 잊어버리기 마련입니다. 그래서 발표의 끝에서는 반드시 핵심 메시지를 다시 짚어주어야 합니다. 그래야 청중이 '아, 이게 오늘 발표에서 꼭 기억해야 할 포인트구나.'하고 명확히 가져갈 수 있습니다.

특히 프로젝트 보고나 외부 프레젠테이션처럼 정보가 많은 자리일수록 마지막 리마인드가 발표의 무게감을 결정합니다. 핵심을 못 박아주지 않으면 전체가 흐릿하게 마무리될 수 있지만, 단 1~2문장의 강조만으로도 발표는 훨씬 설득력 있고 인상 깊게 남습니다. 결국 발표의 진짜 완성은 마지막 한 줄의 힘에 달려 있습니다.

 핵심 문장 미리보기

이번 매뉴얼 8에서는 발표를 마무리하며 반드시 핵심 메시지를 다시 각인시키는 표현을 배웁니다.

- **최종 결론 강조** 결국 이게 핵심입니다.
- **마무리 전 리마인드** 발표를 마치기 전에 꼭 다시 짚고 싶습니다.
- **기억에 남길 한마디** 이걸 꼭 기억해 주셨으면 합니다.

핵심문장 1 　최종 결론 강조
결국 이게 핵심입니다.

[Casual]
If there's one thing to carry with you, it's this.
하나만 기억하신다면, 바로 이것입니다.

This idea is the thread that runs through everything.
이 개념이 모든 내용을 관통하는 핵심입니다.

[Formal]
At the heart of it all, this is what matters most.
이 모든 것의 핵심은 바로 이것입니다.

This is the point everything rests on.
이게 전체 내용을 받쳐주는 핵심입니다.

In the end, this is the key takeaway.
결국, 이것이 핵심 요점입니다.

- carry (의미·메시지를) 담고 있다, 전달하다
- run through 전반에 걸쳐 흐르다

[Casual] one thing to carry with you는 오늘 이후에도 꼭 가져가야 할 메시지를 강조할 때 쓰입니다. thread that runs through everything은 여러 내용을 관통하는 중심 아이디어를 보여줄 때 효과적입니다.

[Formal] At the heart of it all은 복잡한 설명을 단순화해 본질만 짚어 주며, This is the point everything rests on은 전체 내용을 받쳐주는 핵심이라는 의미를 담고 있습니다. key takeaway는 발표나 미팅의 핵심 메시지를 의미합니다.

핵심 문장 2　〔마무리 전 리마인드〕
발표를 마치기 전에 꼭 다시 짚고 싶습니다.

[Casual]

Before we wrap up, I want to circle back to this one point.
마무리 전에 이 한 가지를 다시 강조드리고 싶습니다.

Let me bring us back to the anchor of today's message.
오늘 메시지의 중심축으로 다시 돌아가 보겠습니다.

[Formal]

Before we sign off, I'd like to leave you with this.
발표를 마무리하기 전에 이 한 가지를 꼭 남기고 싶습니다.

The anchor of today's talk is innovation—it holds everything together.
오늘 발표의 중심축은 혁신입니다. 이것이 모든 내용을 이어줍니다.

Before we sign off, keep in mind that collaboration is key.
마무리하기 전에, 협력이 핵심이라는 점을 꼭 기억해 주시기 바랍니다.

- anchor 중심축, 핵심 역할을 하다, 고정하다
- sign off 마무리하다, 종료하다

[Casual] wrap up은 자연스럽게 결론으로 전환할 때 자주 쓰입니다. circle back은 앞에서 다룬 내용을 다시 끌어와 재강조한다는 의미입니다. 반면 anchor는 발표 전체를 붙잡고 있는 중심축을 가리켜 메시지의 무게감을 실어줍니다.

[Formal] sign off는 finish나 end보다 세련된 인상을 주는 마무리 표현입니다. 마무리 전에 '한 번 더 돌아보는 문장'을 넣으면, 청중의 기억 속에 메시지가 깊게 남습니다.

핵심문장 3

> 기억에 남길 한마디

이걸 꼭 기억해 주셨으면 합니다.

Casual

If this sticks with you after today, I've done my job.
오늘 이후로 이게 기억에 남는다면, 제 역할은 다 한 겁니다.

Let this be the echo you take with you.
이 말이 여러분의 머릿속에 울림처럼 남기를 바랍니다.

Keep this on your radar moving forward.
앞으로도 이 부분을 계속 염두에 두시길 바랍니다.

Formal

Make sure this point stays with you as you plan ahead.
앞으로 계획을 세울 때 이 점이 반드시 남아 있도록 해주세요.

I hope this becomes a guiding thought in your future work.
이 말이 앞으로 여러분의 업무에 길잡이가 되길 바랍니다.

- stick with 기억에 남다, 머릿속에 남다
- echo 다시 떠오르다, 반복되다

Casual stick with you는 메시지가 오래 기억되길 바랄 때 쓰이며, echo는 여운을 남기는 표현입니다. Keep this on your radar는 앞으로도 관심을 두고 지켜봐 달라는 의미로 장기적 관점을 강조할 때 적합합니다.

Formal stay with you는 실제 행동이나 실행으로 이어지길 바라는 메시지를 전하고, guiding thought는 '생각의 방향을 잡아주는 아이디어'라는 뜻으로, 공식 발표에서 자주 쓰이는 품격 있는 마무리 표현입니다.

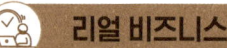

이 상황은 Emma가 팀 발표를 마무리하며 핵심 메시지를 다시 한번 강조하는 장면입니다. 발표를 마칠 때 이렇게 핵심을 다시 상기시키는 한마디는 메시지를 오래 기억에 남게 만듭니다.

Emma Before we sign off, I want to circle back to one point. Branding consistency is about trust.
발표를 마무리하기 전에 한 가지 다시 강조드리고 싶습니다.
브랜드의 일관성은 신뢰의 문제입니다.

Liam Agreed. That idea really runs through everything we've discussed today.
맞습니다. 그 생각은 오늘 우리가 다룬 모든 주제와 연결됩니다.

Emma Exactly. If this one concept sticks with you after today, I've done my job.
맞습니다. 오늘 이후로 이 개념이 기억에 남는다면, 제 역할은 다 한 겁니다.

Liam I'll definitely keep that on my radar as we prep the fall campaign.
이번 가을 캠페인을 준비하면서 반드시 염두에 두겠습니다.

Emma Great. Let this be the echo you take with you—small details shape long-term perception.
좋습니다. 이 말이 여러분께 울림처럼 남기를 바랍니다.
작은 부분이 장기적인 인식을 형성합니다.

Liam Well said. Thanks for driving that message home.
잘 말씀해 주셨습니다. 메시지를 확실히 짚어주셔서 감사합니다.

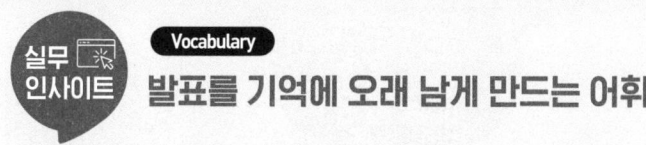

발표를 기억에 오래 남게 만드는 어휘

1. crystallize 구체화하다, 명확히 드러내다

This slide helps crystallize the main idea we've discussed.
이 슬라이드는 우리가 논의한 핵심 아이디어를 명확히 드러냅니다.

2. hammer home (비격식) 핵심을 강하게 못 박다, 반복해서 강조하다

She hammered home the point that trust is built over time.
그녀는 신뢰가 시간이 걸려 쌓인다는 점을 강하게 강조했습니다.

3. linchpin 핵심축, 꼭 필요한 요소

Consistency is the linchpin of long-term brand success.
일관성은 장기적인 브랜드 성공의 핵심축입니다.

4. north star (비유) 변하지 않는 지침, 길잡이 원칙

Customer trust should be our north star in every decision.
고객 신뢰가 모든 의사결정에서 우리의 길잡이가 되어야 합니다.

5. lasting impression 오래 남는 인상

A strong closing line can leave a lasting impression.
강렬한 마무리 멘트는 오래 남는 인상을 줍니다.

6. wrap-up note 마무리 발언, 끝맺는 말

She ended with a clear wrap-up note on priorities.
그녀는 우선순위에 대한 명확한 마무리 발언으로 끝냈습니다.

매뉴얼 9

질문과 답변 매끄럽게 처리하기

 핵심 포인트

발표나 보고가 끝나면 어김없이 따라오는 시간이 바로 Q&A입니다. 많은 분들이 발표만 잘하면 다 끝난다라고 생각하지만, 실제로는 질문에 어떻게 대응하느냐가 전체 인상을 좌우하는 경우가 많습니다. 준비되지 않은 답변은 전문성을 의심받게 만들고, 질문을 피하거나 얼버무리면 발표 전체의 신뢰도가 떨어질 수 있습니다. 특히 글로벌 무대에서는 질문이 발표자와 청중의 실시간 상호작용으로 여겨지기 때문에, 답변 태도 하나가 곧 발표자의 능력을 결정합니다.

이번 매뉴얼을 배우면 Q&A 시간이 두렵지 않고 오히려 발표의 완성도를 높이는 기회로 바뀝니다. 질문을 다시 정리해주며 시간을 벌고, 답을 모를 때도 정중하게 대응하는 방법을 익히면 청중과의 관계가 긍정적으로 유지됩니다. 결국 질문과 답변을 매끄럽게 처리하는 능력은 발표를 단순한 전달이 아니라, 양방향 소통의 장으로 완성시켜 줍니다.

 핵심 문장 미리보기

이번 매뉴얼 9에서는 Q&A 시간에 꼭 필요한 질문 대응 표현을 다룹니다.

- `질문 수용` 좋은 질문 감사합니다.
- `답변 전 정리` 답변 전에 맥락을 조금 드리겠습니다.
- `질문 마무리 조율` 추가 질문은 따로 받아도 괜찮을까요?

핵심 문장 1 〔질문 수용〕 좋은 질문 감사합니다.

〔Casual〕

That's a great question. Thank you.
좋은 질문입니다. 감사합니다.

I'm glad you asked that.
그런 질문 주셔서 좋네요.

Interesting point. Let's talk about that.
흥미로운 지적이네요. 함께 이야기해 보죠.

〔Formal〕

That's an excellent question.
I really appreciate you bringing it up.
정말 좋은 질문입니다. 말씀해 주셔서 감사합니다.

I was hoping someone would ask that.
It's an important point.
누군가 꼭 물어봐 주길 바랐던 부분입니다. 중요한 지적이에요.

- glad 기쁜, 반가운, 만족스러운

〔Casual〕 That's a great question은 청중의 참여에 대한 긍정적인 표현이고, I'm glad you asked that은 반가운 질문에 대한 자연스러운 반응입니다. Interesting point. Let's talk about that은 질문을 받아 논의를 이어가겠다는 뜻입니다.

〔Formal〕 appreciate you bringing it up은 '제기해 줘서 감사하다'는 뜻의 공식적인 표현으로 외부 발표에 적합하며, I was hoping someone would ask ~은 '기다리던 질문이었다'는 의미로 준비된 발표자의 인상을 줍니다.

핵심문장 2

[답변 전 정리]
답변 전에 맥락을 조금 드리겠습니다.

[Casual]
To help clarify, I'll start with a quick backstory.
명확히 하기 위해 짧은 배경 설명부터 드리겠습니다.

Before I answer that, here's something to consider.
답변 전에 참고하시면 좋을 점을 먼저 말씀드리겠습니다.

To clarify that, we need to look at this first.
명확히 하려면 이 부분을 먼저 살펴봐야 합니다.

[Formal]
Let me frame this with some quick context first.
답변 전에 간단한 맥락부터 잡아드리겠습니다.

To set the scene, here's how this issue came about.
이 사안이 어떻게 생겨났는지 먼저 말씀드리겠습니다.

- backstory (현재 상황을 이해하는 데 필요한) 배경 이야기, 맥락 설명

[Casual] I'll start with a quick backstory는 질문자가 상황을 더 잘 이해하도록 돕는 도입 표현이고, something to consider는 본격적인 답변 전 참고할 점을 제시해 논리적 연결을 만들어 줍니다. clarify는 복잡한 질문을 구조화할 때 유용합니다.

[Formal] frame this는 틀을 잡다라는 의미로 답변의 방향을 미리 제시할 때 적합합니다. 또한 set the scene은 상황을 정리하다라는 뜻으로, 공식 발표에서 배경을 설명할 때 자주 쓰입니다.

핵심 문장 3 〔질문 마무리 조율〕
추가 질문은 따로 받아도 괜찮을까요?

[Casual]

Let's take that offline after the session.
그 부분은 발표 후에 따로 말씀드리겠습니다.

Happy to continue the conversation after the session.
발표 후에 계속 이야기 나눌 수 있습니다.

We're short on time, but I'd love to dive deeper into that after the wrap-up.
시간이 조금 부족하지만, 마무리 후에 그 주제는 꼭 더 다뤄보고 싶습니다.

[Formal]

That's a great topic—we may need more time for it later.
좋은 주제라 별도의 시간을 두고 논의하는 것이 좋겠습니다.

Let's park that idea for now and circle back once we finalize the main points.
지금은 그 아이디어를 잠시 보류하고, 핵심 내용을 정리한 뒤 다시 논의하죠.

- take ~ offline 따로 이야기하다
- happy to V 기꺼이 ~하다

[Casual] Let's take that offline after the session은 발표 중 논의를 부드럽게 미루는 표현이고, Happy to continue ~는 대화를 이어가겠다는 열린 태도를 보입니다. We're short on time, but ~은 시간 제약 속에서도 주제의 중요성을 인정합니다.

[Formal] That's a great topic—we may need more time for it later는 논의 가치를 인정하며 일정을 조율할 때 쓰이고, Let's park that idea for now and circle back later는 핵심 논의 후 해당 주제를 다시 다루겠다는 뜻입니다.

리얼 비즈니스

아래 상황은 Olivia가 발표 중 질의응답 시간을 진행하며 청중의 질문에 대응하는 장면입니다. 그리고 추가 질문이 이어지자 발표 시간을 고려해 발표 후에 따로 이야기하자는 표현으로 부드럽게 마무리합니다.

Olivia **That's a great question. Thank you.**
좋은 질문입니다. 감사합니다.

James **I was just wondering, how did your team handle the resistance to automation in the beginning?**
궁금한 게 있는데요, 자동화에 대한 초기 반발을 팀에서는 어떻게 대응하셨습니까?

Olivia **I'm glad you asked that. To help clarify, I'll start with a quick backstory.**
그런 질문 주셔서 감사합니다. 명확히 설명드리기 위해 짧은 배경부터 말씀드리겠습니다.

In the early stages, we saw hesitation mainly due to fear of change—so we focused on small wins to build trust.
초기에는 변화에 대한 두려움 때문에 망설임이 많았습니다. 그래서 신뢰를 쌓기 위해 작지만 확실한 성과를 쌓는 데 집중했습니다.

James **That makes sense. I have a follow-up question about how you trained your team.**
이해됩니다. 팀 교육은 어떻게 진행하셨는지 추가로 여쭤봐도 될까요?

Olivia **That's a great topic—we may need more time for it later. Let's take that offline after the session.**
좋은 주제라 별도의 시간이 필요할 것 같습니다.
이 부분은 발표 후에 따로 말씀드리겠습니다.

James **Sure. Happy to connect afterward.**
네. 끝나고 이야기 나누시죠.

Culture
의견이 다를 때의 비즈니스 대화법

직장 생활을 하다 보면 "저는 좀 다르게 생각합니다"라는 말을 해야 할 때가 있습니다. 하지만 표현을 잘못 쓰면 분위기가 싸해지거나 상대가 방어적으로 변하기 쉽습니다. 한국에서는 의견이 달라도 '예의 있게 돌려 말하기'가 기본이지만, 서구권에서는 명확히 반대 의견을 밝히되 논리와 태도에서 존중이 느껴지는 방식이 중요합니다. 아래의 좋은 반응과 나쁜 반응을 보며, 답변한 문장이 상황을 어떻게 바꿀 수 있는지 알아보세요.

Bad Response

I don't think so. You misunderstood.
전 그렇게 생각하지 않습니다. 당신이 잘못 이해한 거예요.

이런 즉각적인 반박과 방어적인 태도는 상대를 위축시키고 논의의 분위기를 경직시킵니다. 미국이나 유럽의 회의에서는 "I don't think so."처럼 직설적인 표현이 다소 공격적으로 돌릴 수 있습니다. 대신 "That's one way to look at it, but here's another perspective."(그렇게 볼 수도 있겠지만, 이런 관점도 있습니다.)처럼 '다른 시각을 제시하는 방식'으로 접근하면 훨씬 자연스럽고 방어적이지 않게 의견을 표현할 수 있습니다. 이런 접근은 상대를 부정하지 않으면서도 내 의견을 또렷하게 전달할 수 있는 좋은 방법입니다.

Good Response

That's a fair point. I hadn't thought about it that way—thanks for bringing it up.
그건 좋은 지적이네요. 그렇게는 생각해 보지 못했는데, 말씀해 주셔서 감사합니다.

이처럼 상대의 의견을 존중하면서 열린 태도로 대화의 흐름을 자연스럽게 이어갈 수 있습니다. 발표나 토론 중 반론을 들었을 때 바로 방어적으로 반응하기보다 "That's an interesting point—let me think about that for a second."(좋은 지적이네요. 잠시 생각해 보겠습니다.)처럼 한 박자 여유를 두는 태도가 훨씬 현명합니다. 이런 대응은 시간을 벌어주고, 신중하게 답변할 기회를 만들어 줍니다. 비즈니스 현장에서는 빠르게 말하는 것보다 침착하고 논리적인 태도가 더 큰 신뢰를 줍니다.

매뉴얼 10

발표 마무리와 감사 인사

핵심 포인트

발표의 마지막은 단순히 "끝맺는 순간"이 아니라, 청중의 기억에 남는 가장 마지막 순간입니다. 발표자가 "이상으로 발표를 마치겠습니다."라고 말할 때, 내용보다 태도가 더 강하게 남습니다. 목소리가 급하게 꺾이거나 시선을 피하면 그간의 흐름이 한순간에 흐려지죠. 반대로 자신감 있게 핵심을 정리하고 짧은 감사 인사로 마무리하는 게 좋습니다.

실무에서는 대부분의 발표가 시간이 초과되어 끝납니다. 그래서 더더욱 마무리 멘트는 즉흥이 아니라 준비된 한 문장이어야 합니다. 핵심 요점을 한 번 더 상기시키거나, 팀의 노력에 감사하고, 청중의 참여를 인정하는 한마디가 발표의 여운을 완성합니다. 이번 매뉴얼 10을 배우면 단순히 내용을 잘 전달하는 수준을 넘어, 청중과의 마지막 순간까지 책임지는 발표자가 될 수 있습니다.

핵심 문장 미리보기

매뉴얼 10에서는 발표를 자연스럽게 마무리하고, 긍정적인 인상을 남기는 마지막 한마디 표현들을 다룹니다.

- `발표 종료 멘트` 이것으로 발표를 마치겠습니다.
- `감사 인사` 참석해 주셔서 감사합니다.
- `후속 소통 안내` 질문이나 의견 있으시면 언제든지 말씀해 주세요.

핵심문장 1

발표 종료 멘트
이것으로 발표를 마치겠습니다.

Casual

That brings us to the end of the presentation.
이것으로 발표를 마치겠습니다.

That wraps up what I wanted to share today.
오늘 말씀드리고자 했던 내용은 여기까지입니다.

We've covered a lot, so I'll stop here.
많은 내용을 다뤘으니 여기서 마무리하겠습니다.

Formal

That wraps up what I wanted to share today. I'll stop here before I say too much.
오늘 말씀드리고자 했던 내용은 여기까지입니다. 더 말하기 전에 이쯤에서 멈추죠.

We've covered a lot, so I'll stop here—but the story doesn't end here.
많은 내용을 다뤘으니 여기서 마무리하겠습니다. 하지만 이야기는 여기서 끝나지 않습니다.

- bring 이끌다

Casual bring us to the end는 발표 흐름을 자연스럽게 결론으로 연결해 주는 표현이며, That wraps up ~은 부드럽고 단정하게 마무리할 때 사용됩니다. cover a lot은 '많은 내용을 다루다'는 의미로, 발표를 정리하며 핵심만 남길 때 적합합니다.

Formal 격식 있는 자리에서 I'll stop here before I say too much는 유머러스하면서도 여유 있는 마무리 표현입니다. the story doesn't end here는 '이야기는 여기서 끝나지 않는다'는 여운을 주며, 발표를 자연스럽게 완성시켜 줍니다.

핵심문장 2 〔감사 인사〕
참석해 주셔서 감사합니다.

[Casual]

Really appreciate everyone being here today.
오늘 참석해 주신 모든 분들께 진심으로 감사드립니다.

It's been great sharing this with you.
이 내용을 여러분과 공유할 수 있어 정말 뜻깊었습니다.

It's been great sharing this with you. I hope some of these ideas spark new discussions on your teams.
이 내용을 여러분과 나눌 수 있어 뜻깊었습니다. 이 아이디어들이 팀 내 새로운 논의로 이어지길 바랍니다.

[Formal]

Thank you all for your time and attention.
시간 내어 집중해 주셔서 감사합니다.

Thank you all for being such an engaged audience —your questions made this session even better.
집중해 주신 여러분께 감사드립니다. 여러분의 질문 덕분에 훨씬 더 풍성한 시간이 되었습니다.

- spark (불꽃을) 일으키다

[Casual] Really appreciate ~은 따뜻한 분위기를 전하고, It's been great sharing ~은 진심 어린 감사 표현입니다. spark new discussions는 발표 이후 팀 내 대화로 이어지길 바랄 때 사용됩니다.

[Formal] Thank you all for your time and attention은 가장 격식을 갖춘 표현으로, 청중의 시간과 집중에 대한 존중이 느껴집니다. engaged audience는 '적극적으로 참여한 청중'을 뜻해 감사와 칭찬을 함께 전하는 표현으로 마무리에 효과적입니다.

핵심 문장 3 ｜후속 소통 안내｜
질문이나 의견 있으시면 언제든지 말씀해 주세요.

[Casual]

Feel free to reach out if you'd like to talk more.
더 이야기 나누고 싶으시면 언제든 연락해 주셔도 됩니다.

Let's keep the conversation going, even after this session.
발표 이후에도 계속 소통 이어가면 좋겠습니다.

Let's keep in touch—new ideas often come after the session.
계속 소통해요. 좋은 아이디어는 종종 발표가 끝난 뒤에 떠오르니까요.

[Formal]

If you have any questions, I'm happy to answer them now or later via email.
질문이 있으시면 지금 바로 답해드릴 수도 있고, 나중에 이메일로 답변드릴 수도 있습니다.

I'm happy to hop on a quick call this week if you'd like to discuss it further.
조금 더 이야기 나누고 싶으시면 이번 주에 짧게 통화해도 좋습니다.

- via ~을 통해, ~를 경유하여

[Casual] Feel free to reach out if ~는 열린 인상을 주는 표현이고, Let's keep the conversation going, even after this session은 협업 의지를 자연스럽게 강조할 때 적합합니다.

[Formal] I'm happy to answer them now or later via email은 질문을 받거나 후속 논의를 제안할 때 가장 정중한 표현입니다. 또한 hop on a quick call은 '짧게 통화하다'는 의미로, 구체적인 후속 소통을 제안할 때 유용합니다.

리얼 비즈니스

이 상황은 David가 프로젝트 발표를 마무리하는 장면입니다. 아이디어 구상부터 실행 과정의 어려움까지 솔직하게 공유하며, 발표를 자연스럽게 정리하고 있습니다.

David   **That brings us to the end of the presentation.**
이것으로 발표를 마치겠습니다.

We've gone over a lot—from the initial idea to the unexpected turns we faced during rollout.
초기 아이디어부터 실제 적용 과정에서 겪은 예상치 못한 상황들까지 다양하게 다루었습니다.

Thank you all for sticking with me through the twists and turns.
이런 굴곡진 이야기에도 집중해 주셔서 감사합니다.

It's been great sharing both the wins and the missteps. We often learn more from the messy parts.
성공뿐만 아니라 실수까지 공유할 수 있어 정말 뜻깊었습니다. 부족했던 부분에서 더 많이 배우는 경우가 많으니까요.

If you have any questions, I'd be happy to continue the discussion either now or via email later.
질문 있으시면 지금 바로 해주셔도 되고, 이후 이메일로도 언제든 말씀해 주시면 감사하겠습니다.

Once again, thank you for your time and attention.
다시 한번 시간 내어 집중해 주신 것에 감사드립니다.

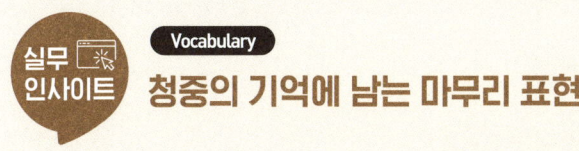

청중의 기억에 남는 마무리 표현

1. parting thought 마지막으로 남기고 싶은 생각

Let me leave you with one parting thought—progress takes patience.
마지막으로 한 가지 생각을 남기고 싶습니다. 진전에는 인내가 필요합니다.

2. give the floor 발언권을 넘기다

I'll give the floor back to our moderator to conclude the session.
세션을 마무리하기 위해 사회자에게 발언을 넘기겠습니다.

3. draw to a close (발표가) 서서히 끝나가다

As we draw to a close, I want to thank everyone for your time today.
이제 마무리 단계에 접어들며, 오늘 함께해 주신 모든 분께 감사드립니다.

4. stick around (마무리 후에도) 자리를 잠시 더 함께하다

Feel free to stick around if you'd like to chat after the session.
발표 후에도 이야기 나누고 싶으신 분들은 잠시 남아 주세요.

5. end on a high note 긍정적인 분위기 속에서 마무리하다

Let's end on a high note with one final success story.
마지막 성공 사례로 기분 좋게 마무리하겠습니다.

6. look back on 되돌아보다, 회고하다

Looking back on this journey, it's clear how far we've come.
이번 여정을 되돌아보면, 우리가 얼마나 성장했는지 알 수 있습니다.

The Power of Email

이메일은 단순한 전달 수단이 아닙니다.
말은 사라지지만, 메일은 남습니다.
그래서 한 문장, 한 표현이 신뢰의 무게를 결정합니다.

이메일을 잘 쓴다는 건
단순히 영어를 잘 쓰는 게 아닙니다.
한 문장으로 신뢰를 만들고, 구조로 설득하는 기술입니다.

From the Field
At an international conference

PART 03
이메일 | Emalil

도입하기 Beginning	매뉴얼 1	메일 첫인사, 어떻게 시작하지?
	매뉴얼 2	메일 보낸 이유, 바로 밝히기
	매뉴얼 3	오늘 메일 핵심 주제 알려주기
본문 쓰기 Writing	매뉴얼 4	부탁이나 제안할 때 쓰는 표현
	매뉴얼 5	내 입장·의견을 분명히 전하기
	매뉴얼 6	문제가 생겼을 때 설명하는 법
	매뉴얼 7	세부사항 확인·추가 자료 요청하기
끝맺기 Closing	매뉴얼 8	일정 다시 잡고 후속 안내하기
	매뉴얼 9	끝맺음 인사와 감사 전하기
	매뉴얼 10	답변이 없을 때 다시 메일하기

매뉴얼 1

메일 첫인사, 어떻게 시작하지?

핵심 포인트

하루에도 수십 통씩 오가는 이메일 속에서, '어떻게 시작하느냐'는 생각보다 큰 차이를 만듭니다. "Hi"로 시작하기엔 너무 가볍고, "Dear Sir/Madam"은 또 너무 딱딱하죠. 게다가 상대가 상사인지, 거래처인지, 혹은 처음 연락하는 외부 파트너인지에 따라 말투의 온도가 달라져야 합니다. 그래서 본론은 이미 써놓았는데, 인사 한 줄을 못 정해서 '임시저장'에 머물러 있는 메일, 누구나 한 번쯤 있습니다.

하지만 이 첫 문장이 이메일의 전체 톤을 결정합니다. 인사가 자연스러우면 메시지는 부드럽게 읽히고, 받는 사람의 반응도 달라집니다. 어색한 첫줄 대신 상황에 딱 맞는 오프닝 문장으로 시작할 수 있다면, 단순한 메일이 아니라 신뢰를 주는 커뮤니케이션이 됩니다. 이번 매뉴얼에서는 바로 그 차이를 배우게 됩니다.

핵심 문장 미리보기

이번 매뉴얼 1에서는 이메일을 시작할 때 알아두면 좋은 첫인사 표현을 다룹니다.

- **기본 인사 열기** 안녕하세요? 잘 지내시죠?
- **첫 메일 자기소개** 간단히 제 소개를 드리겠습니다.
- **이전 업무 이어가기** 지난 프로젝트 관해 연락드립니다.

핵심 문장 1 〔기본 인사 열기〕
안녕하세요? 잘 지내시죠?

〔Casual〕
I hope this message finds you well.
안녕히 지내고 계시길 바랍니다.

I hope you're doing well.
잘 지내고 계시길 바랍니다.

〔Formal〕
I trust this email reaches you in good health.
건강히 잘 지내고 계시길 바랍니다.

I hope you're doing well and enjoying the start of autumn.
잘 지내시고, 가을의 시작도 즐겁게 보내고 계시길 바랍니다.

I hope this message finds you well after the long weekend.
연휴 잘 보내셨기를 바랍니다.

- reach 닿다

〔Casual〕 find you well은 '당신이 잘 지내고 있기를 바란다'는 의미의 대표적인 안부 인사로 누구에게나 무난하게 쓸 수 있고, I hope you're doing well은 조금 더 친근한 톤으로 이미 알고 지내는 상대에게 자연스럽습니다.

〔Formal〕 I trust this email reaches you in good health는 가장 격식 있고 정중한 표현으로, 해외 파트너나 공식 메일에 적합합니다. 또한 after the long weekend나 autumn처럼 시기나 계절감을 덧붙이면 훨씬 자연스럽고 따뜻한 인상을 줄 수 있습니다.

핵심문장 2

[첫 메일 자기소개]
간단히 제 소개를 드리겠습니다.

[Casual]
I'd like to take a moment to introduce myself.
제 소개를 간단히 드리고자 합니다.

Please allow me to introduce myself and briefly explain why I'm reaching out.
제 소개와 함께 연락 드리는 이유를 간단히 말씀드리겠습니다.

I'm writing to introduce myself and share a few details about the project.
제 소개와 프로젝트에 대한 간단한 내용을 전해드리고자 메일 드립니다.

[Formal]
I'm writing on behalf of our design team at CULINOVA.
CULINOVA 디자인팀을 대표해 메일 드립니다.

Please allow me to introduce myself—I recently joined the project as a coordinator.
제 소개를 드리겠습니다. 이번 프로젝트의 코디네이터로 새로 합류했습니다.

- take a moment 잠시 시간을 내다
- on behalf of ~을 대표하여

[Casual] I'd like to take ~는 부드러운 첫인사로, 초기 비즈니스 메일에 쓰입니다. Please allow me to introduce myself and ~은 공손하면서도 연락 목적을 자연스럽게 밝히며, I'm writing to ~은 메일의 목적을 간결히 전달하는 실무형 표현입니다.

[Formal] on behalf of는 팀이나 조직을 대표할 때 공식적으로 사용하며, I recently joined the project처럼 자신의 역할을 덧붙이면 신뢰도가 높아집니다. 한 줄의 자기소개가 곧 첫인상인 만큼, 명확함과 간결함이 신뢰를 만드는 핵심입니다.

핵심문장 3

[이전 업무 이어가기]
지난 프로젝트 관해 연락드립니다.

[Casual]

I'm reaching out regarding your recent inquiry.
최근 문의하신 건에 대해 연락드립니다.

I wanted to touch base with you about the new project.
새 프로젝트에 관해 연락드리고자 합니다.

[Formal]

I'm contacting you in regard to the upcoming event.
예정된 행사와 관련하여 연락드립니다.

I'm reaching out regarding your recent inquiry about our service. I'd be happy to provide more details.
저희 서비스 관련 최근 문의하신 건에 대해 연락드렸습니다.
자세한 내용 안내드리겠습니다.

I'm contacting you in regard to the upcoming event—we'd like to confirm your participation.
다가오는 행사와 관련하여 연락드렸습니다. 참석 여부를 확인드리고자 합니다.

- regarding / in regard to ~에 관하여
- touch base 연락하다, 의견을 나누다
- inquiry 문의

[Casual] I'm reaching out regarding ~은 부드럽고 자연스러운 표현으로, 이전 대화나 문의를 이어갈 때 자주 쓰입니다. I wanted to touch base with you ~는 친근한 뉘앙스로, 협업 중간 점검이나 후속 논의를 시작할 때 적합합니다.

[Formal] I'm contacting you in regard to ~은 격식 있는 표현으로, 행사·프로젝트·계약 등 공식적인 사안을 다룰 때 사용합니다.

리얼 비즈니스   — ■ ✕

Sophia가 디자인 라이선스 협업 제안을 논의하기 위해 처음 Emily에게 메일을 보냅니다. 서로 첫 연락이므로 메일은 정중하면서도 부드러운 톤으로 시작됩니다.

To: Emily
Subject: Recent inquiry about our design licensing process

Hello Emily,

I hope this message finds you well.

My name is Sophia Park, and I'd like to take a moment to introduce myself. I'm writing to share a few details about the collaboration proposal we're preparing.

I'm reaching out regarding your recent inquiry about our design licensing process. We'd love to explore this further with you and see how we can move forward together.

Please feel free to reach out if you have any questions—I'd be happy to provide more information.

[...]

받는 사람 **Emily**
제 목 **디자인 라이선스 절차 관련 최근 문의 건**

안녕하세요,

Emily. 안녕히 지내고 계시길 바랍니다.

저는 Sophia Park입니다. 제 소개를 간단히 드리고자 합니다. 저희가 준비 중인 협업 제안에 대해 간단히 몇 가지 세부 내용을 공유드리고자 메일드립니다.

최근 문의하신 디자인 라이선스 프로세스 관련하여 연락드립니다. 이 건을 좀 더 자세히 논의하며 함께 나아갈 수 있기를 기대합니다.

궁금하신 점 있으시면 언제든지 편하게 연락주세요. 추가로 필요한 정보도 제공해드리겠습니다.

[...]

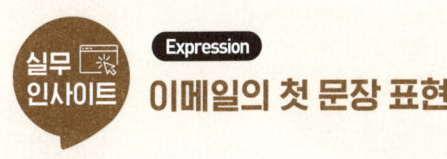

이메일의 첫 문장 표현

이메일의 첫 줄은 단순한 인사가 아니라, 대화의 문을 여는 순간입니다. 딱딱한 업무 메일에서도 따뜻한 첫 문장은 분위기를 부드럽게 만들고, 받는 사람으로 하여금 "읽고 싶은 메일"이라는 인상을 줍니다. 업무 성격에 따라 가벼운 근황, 계절 인사, 최근 이슈를 살짝 언급하는 것만으로도 전달력은 훨씬 자연스러워집니다. 아래 표현들은 메일의 첫인사로 자연스럽게 분위기를 여는 문장들입니다. 단순한 "Hello" 대신, 상황과 관계에 따라 톤을 조절해 보세요.

최근 일정
I hope your week has been going smoothly so far.
이번 주 일정은 잘 진행되고 계시길 바랍니다.

근황/날씨
Hope you're having a productive and pleasant day.
좋은 하루 보내고 계시길 바랍니다.

이전 메일
Thanks for getting back to me so quickly.
빠르게 회신 주셔서 감사합니다.

새 프로젝트
It's great to reconnect as we begin this new project together.
새 프로젝트를 함께 시작하면서 다시 연락하게 되어 정말 반갑습니다.

협업 관계
I really enjoyed our last discussion and wanted to follow up.
지난번에 논의가 정말 좋았고, 그래서 이어서 말씀드리고 싶어요.

메일 첫 줄은 상대방과 나의 관계 온도를 조절하는 구간입니다. 특히 바로 본론으로 들어가는 것을 무례하게 느끼는 문화권에서는 더더욱 그렇습니다. [가벼운 안부 → 지난 대화 언급 → 연락 목적] 순으로 자연스럽게 이어가면 형식적인 인사 없이도 부드럽고 진정성 있는 첫인상을 줄 수 있습니다. 특히 위 예시들처럼 현재 시점에 맞춘 인사는 짧지만, 세심한 커뮤니케이션 센스를 보여줍니다.

매뉴얼 2

음원 듣기

메일 보낸 이유, 바로 밝히기

 핵심 포인트

메일을 쓸 때 가장 흔한 실수 중 하나는 핵심을 너무 늦게 밝히는 것입니다. 서두에 안부를 길게 쓰고, 배경 설명을 덧붙이다 보면 정작 메일의 목적은 아래로 밀려버립니다. 특히 하루에도 수십 통의 메일을 처리하는 실무자에게는, 첫 세 줄 안에서 메일을 작성한 이유나 목적을 명확히 나타내는 것이 중요합니다. 서두에서 의도를 바로 전달하면, 받는 사람이 메일을 더 빠르고 정확하게 이해할 수 있습니다.

이번 매뉴얼에서는 메일의 목적을 명확하게, 그러나 자연스럽게 전달하는 법을 다룹니다. 단순한 전달을 넘어서 메일의 의도를 명확히 밝히면, 상대는 빠르게 요점을 파악하고 필요한 행동을 취할 수 있습니다. 즉, 메일의 목적을 바로 밝히는 문장들을 잘 쓰면 당신의 이메일은 불필요한 왕복 없이 명료하고 일 잘하는 사람의 메일로 기억됩니다.

 핵심 문장 미리보기

이번 매뉴얼 2에서는 '메일을 왜 보냈는지'를 명확하게 밝히는 표현을 다룹니다.

- `메일 목적 제시` 제가 이 메일을 드리는 이유는요...
- `주제·사안 명시` ~ 관련해서 연락드립니다.
- `간단 확인 요청` 짧게 확인드리고 싶어 연락드렸습니다.

핵심 문장 1 — 메일 목적 제시
제가 이 메일을 드리는 이유는요...

[Casual]

I'm reaching out to discuss a potential collaboration.
협업 가능성에 대해 논의하고자 메일 드립니다.

The reason I'm writing today is to confirm your availability.
오늘 메일 드리는 이유는 일정 가능 여부를 확인드리기 위함입니다.

I wanted to follow up on our last conversation.
지난 대화에 대해 후속 연락을 드리고자 합니다.

[Formal]

The purpose of this email is to confirm your availability for a short call this week.
이 메일의 목적은 이번 주 짧은 통화 일정 가능 여부를 확인드리기 위함입니다.

I'm contacting you to discuss a potential collaboration between our teams.
당사 팀 간 협업 가능성에 대해 논의드리고자 연락드립니다.

- potential collaboration 협업 가능성
- follow up 후속으로 연락하다
- confirm 확정하다

[Casual] a potential collaboration은 새로운 제안이나 파트너십 논의에, confirm your availability는 일정 확인 및 조율 목적에 자주 쓰입니다. follow up on ~은 이전 논의를 이어가거나 진행 상황을 점검할 때 자연스럽습니다.

[Formal] The purpose of this email is ~은 외부 파트너나 고객사 대상의 격식 있는 도입 문장으로 적합합니다. Request(요청), Confirm(확인), Offer(제안) 중 어떤 목적의 메일인지 분명히 하면 전달 효과가 높아집니다.

핵심문장 2

주제·사안 명시
~ 관련해서 연락드립니다.

[Casual]
I'm writing regarding the invoice you sent last week.
지난주에 보내주신 송장 관련해서 메일 드립니다.

I'm writing about the updated schedule you mentioned.
말씀하신 수정 일정 관련해 연락드립니다.

[Formal]
I'm contacting you in relation to the job posting.
채용 공고 관련해서 연락드립니다.

This email is in reference to our recent meeting.
최근 미팅과 관련하여 메일 드립니다.

This email is with respect to your request for additional materials.
추가 자료 요청 건 관련하여 메일 드립니다.

- in relation to ~에 관해
- in reference to ~에 관해

[Casual] 메일 서두에서 주제를 명확히 밝히면 내용을 빠르게 이해하고 바로 본론으로 이어질 수 있습니다. I'm writing regarding ~은 가장 실무적인 표현으로 내부 보고나 고객 응대에 두루 쓰이며, about은 간결하고 친근한 어조입니다.

[Formal] in relation to는 regarding보다 격식 있는 표현으로 외부 기관이나 공식 문서에 적합합니다. in reference to는 보고서·계약·제안서 등에 신뢰감을 주며, with respect to는 가장 포멀한 구조로 임원이나 기관 대상 이메일에 쓰입니다.

핵심문장 3 | 간단 확인 요청
짧게 확인드리고 싶어 연락드렸습니다.

Casual

Just a quick note to check in on the status.
진행 상황을 간단히 확인드리고자 합니다.

I wanted to touch base about the proposal.
제안서 관련해 잠깐 소통드리고자 합니다.

Formal

I'm following up to see if you had a chance to review.
검토해 보실 시간이 있으셨는지 확인차 연락드립니다.

When you have a moment, I'd love to hear your thoughts.
시간 되실 때 의견 주시면 감사하겠습니다.

No rush at all—just wanted to stay in touch on this.
전혀 급한 건 아니고요, 이 건에 대해 계속 소통드리고 싶었습니다.

- check in on ~의 진행 상황을 확인하다

Casual 이메일에서는 상대의 시간을 존중하며 진행 상황을 부드럽게 확인하는 표현이 중요합니다. Just a quick note나 touch base는 부담 없이 핵심만 짚는 후속 연락에 적합합니다.

Formal follow up to see if you had a chance to review는 검토 요청이나 진행 확인용으로 자주 쓰입니다. When you have a moment과 No rush at all은 회신을 재촉하지 않으면서도 예의를 지키는 표현입니다.

리얼 비즈니스

이 상황은 Rachel이 지난주에 논의했던 신규 직원 교육 일정에 대해 Ben에게 후속 확인 메일을 보내는 장면입니다. 이미 초안 일정을 전달한 상태이기 때문에, 이번 메일에서는 부드럽게 검토 여부를 확인하고 회신을 유도하는 흐름으로 이어집니다.

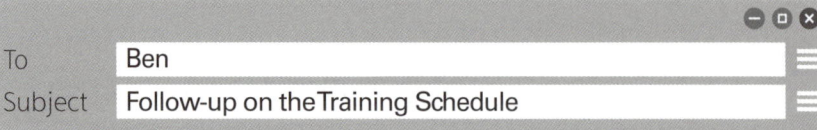

| To | Ben |
| Subject | Follow-up on the Training Schedule |

Hello Ben,

I hope you're doing well.

The reason I'm writing today is to follow up on the onboarding training schedule we briefly discussed last week.

I'm reaching out in relation to that discussion and just wanted to check if you've had a chance to review the proposed schedule I sent over.

Looking forward to hearing from you.

Best regards,
Rachel

받는 사람　**Ben**
제　　　목　**교육 일정 관련 후속 메일 드립니다**

안녕하세요,

Ben. 잘 지내고 계시길 바랍니다.

오늘 이렇게 메일을 드리는 이유는, 지난주에 잠깐 논의드렸던 신규 직원 교육 일정에 대해 후속 확인을 드리기 위해서입니다.

그때 이야기드린 내용과 관련해 연락드리며, 보내드린 일정안을 검토해 보실 시간이 있으셨는지 확인드리고자 합니다.

회신 기다리겠습니다.

Rachel 드림

 **Manner & Tip**

이메일 보낼 때 한국인이 자주 놓치는 포인트 Top 5

1. 제목은 '요점'으로 시작하기

메일 제목은 받는 사람이 클릭 여부를 결정하는 첫 단서입니다.
핵심 키워드(Request / Update / Schedule 등)로 시작하면 메일의 목적이 즉시 보입니다.

 제목은 문장이 아닌 핵심 키워드 중심의 5단어 이내로 쓰세요.

2. 첫 문장은 상황보다 '의도'부터 말하기

I hope you're doing well. 다음엔 바로 메일의 목적을 밝혀야 합니다.
불필요한 배경 설명보다 "이 메일을 왜 보냈는가" 한 문장으로 시작하세요.

 인사 후 3줄 안에 메일의 이유가 보여야 합니다.

3. 요청 문장은 부드럽게, 그러나 구체적으로!

Please reply soon보다는 Could you please share your feedback by Friday?처럼
기한·행동·대상을 명확히 제시하면 메일이 실무적으로 들립니다.

 "Please" 대신 Could you / I'd appreciate it if you could를 사용하세요.

4. 본문이 길면 '구조'를 보여주기

3줄 이상 설명이 필요할 땐 문단을 나누거나 번호·불릿 포인트를 활용하세요.
보기 좋은 메일이 곧 일 잘하는 인상을 줍니다.

 문단마다 한 주제만, 불릿은 3개 이하로 유지하세요.

5. 마무리는 상황에 맞게

메일의 마지막 인사는 관계의 온도를 보여줍니다. 격식 있는 상황에는 Best regards / Sincerely, 친근한 상황엔 Take care / Talk soon을 사용하세요.

 상대와의 관계 거리감에 따라 인사말의 온도를 조정하세요.

매뉴얼 3

음원 듣기

오늘 메일 핵심 주제 알려주기

 핵심 포인트

이전 매뉴얼 2에서는 메일의 목적을 명확하게 밝히는 법을 배웠습니다. 이제 그 목적이 자연스럽게 이어지려면, 메일의 중심 주제와 핵심 메시지를 한눈에 보여주는 문장이 뒤따라야 합니다. 업무 이메일에서 가장 흔히 생기는 문제는 돌려 말하기입니다. 서론은 길고 정작 중요한 내용은 중간쯤에 묻혀버리죠. 받는 사람은 끝까지 읽기 전까지 '그래서 이 메일이 무슨 내용이지?' 라는 의문을 품게 됩니다.

특히 상사나 외부 파트너처럼 하루에 수십 통의 메일을 받는 사람일수록, 메일의 첫 3줄 안에서 핵심을 파악해야 다음 행동(확인, 회신, 승인 등)을 결정할 수 있습니다. 이번 매뉴얼 3에서는 메일의 주제와 핵심 메시지를 한눈에 드러내는 법을 다룹니다. 핵심을 짧게 요약해 주면 메일의 가독성이 높아지고, 불필요한 설명 없이도 명확하고 실행력 있는 커뮤니케이션으로 인식됩니다.

 핵심 문장 미리보기

이번 매뉴얼 3에서는 메일의 중심 메시지를 한눈에 전달하는 표현을 다룹니다.

- **메일 요점 바로 제시** 오늘 메일의 핵심을 간단히 말씀드리자면...
- **핵심 내용 요약 정리** 핵심 내용을 세 줄로 요약하자면...
- **중요 사안 강조** 지금 가장 중요한 사안입니다.

핵심 문장 1 — 메일 요점 바로 제시
오늘 메일의 핵심을 간단히 말씀드리자면...

[Casual]

I'm writing to outline today's key agenda.
오늘의 핵심 안건을 간단히 정리해 드리려고 메일 드립니다.

The main purpose of this email is to discuss our next steps.
이 메일의 주요 목적은 다음 단계에 대해 논의하는 것입니다.

Here's the main point I'd like to address today.
오늘 말씀드리고 싶은 핵심 주제는 이렇습니다.

[Formal]

I'm writing to outline the main takeaways from yesterday's meeting.
어제 회의의 주요 요점을 정리드리고자 메일 드립니다.

Here's the key decision we need to finalize this week.
이번 주 내로 확정해야 할 핵심 의사결정 사항입니다.

- outline 개요를 설명하다, 간단히 정리하다
- address 다루다, 해결하다

[Casual] outline today's key agenda는 회의나 보고용으로 적합하고, The main purpose of this email은 'main'을 덧붙여, 내부 보고나 협업 상황에 자연스럽습니다. Here's the main point는 핵심 이슈를 직접 강조할 때 쓰입니다.

[Formal] outline the main takeaways from yesterday's meeting은 회의 후 주요 요점을 정리할 때 쓰이는 격식 있는 표현입니다. the key decision we need to finalize this week은 실행 단계 전, 결정을 명확히 요청할 때 적합합니다.

핵심문장 2 — 핵심 내용 요약 정리
핵심 내용을 세 줄로 요약하자면...

[Casual]

Here's a quick snapshot of today's message.
오늘 메일의 핵심만 간단히 보여드리겠습니다.

Let me break it down into three simple points.
세 가지 간단한 포인트로 정리해 드리겠습니다.

To sum up briefly: ① The proposal has been approved, ② The budget is confirmed, and ③ The next review is set for Monday.
간단히 정리하자면, ① 제안서 승인 완료, ② 예산 확정, ③ 다음 검토 일정은 월요일입니다.

[Formal]

Let me summarize the key updates from today's discussion.
오늘 논의된 핵심 사항을 요약 드리겠습니다.

Please find below a brief summary of the main points discussed.
아래에 논의된 주요 사항들의 간단한 요약을 확인해 주세요.

- snapshot 간략한 개요, 요약, 스냅샷

[Casual] Here's a quick snapshot은 메일의 핵심을 예고할 때 쓰이며, Let me break it down은 정보를 구조화해 전달할 때 유용합니다. To sum up briefly는 본문을 마무리하며 요점을 정리할 때 자연스럽습니다.

[Formal] Let me summarize는 회의나 보고 내용을 요약할 때 쓰이고, Please find below는 문서나 후속 메일에서 정리 내용을 제시할 때 적합합니다. 번호, 불릿, 구분선을 활용해 시각적으로 구조를 드러내면 핵심을 빠르게 파악할 수 있습니다.

핵심문장 3 — 중요 사안 강조
지금 가장 중요한 사안입니다.

Casual

This is a time-sensitive matter we need to resolve.
이건 시급히 해결해야 할 중요한 사안입니다.

This issue needs our immediate attention.
이 문제는 즉각적인 대응이 필요합니다.

Formal

I'd like to prioritize this in our upcoming discussion.
이 내용을 다가오는 논의에서 우선시했으면 합니다.

We may need to address this sooner rather than later.
이 문제는 가급적 빨리 다루는 게 좋을 것 같습니다.

If possible, let's give this topic top priority this week.
가능하다면 이번 주에는 이 건을 우선순위로 두면 좋겠습니다.

- time-sensitive 시급한, 시간에 민감한
- prioritize 우선순위를 두다, 중요하게 여기다
- immediate 즉각적인, 긴급한

Casual time-sensitive는 기한이 임박한 사안을 강조하고, immediate는 지체될 수 없는 상황에서 '즉각적인 대응이 필요하다'는 뜻을 분명히 전합니다. prioritize는 여러 사안 중 특정 주제를 먼저 다루고 싶을 때 쓰는 완곡한 표현입니다.

Formal sooner rather than later는 '지금 바로'보다 부드럽게 가능한 한 빨리를 의미합니다. top priority는 가장 우선적으로 처리해야 할 일을 뜻해 일정이나 업무의 중요도를 지정할 때 유용합니다.

리얼 비즈니스

Sara가 4분기 캠페인 론칭을 앞두고 팀 리더 David에게 후속 조율을 요청하는 이메일을 보냅니다. 출시 일정·자료 검토·역할 배분 등 세부 조정이 필요한 상황에서, 핵심 주제를 구조적으로 정리하고 실행을 이끄는 실무형 메일입니다.

To: David
Subject: Next Steps for Q4 Campaign Launch

Hello David,

I hope this message finds you well.

The main purpose of this email is to discuss our next steps for the Q4 campaign.
Let me break it down into three simple points:
1. Confirm the updated launch date.
2. Finalize the marketing materials.
3. Assign roles for the new timeline.

This is a time-sensitive matter we need to resolve, especially with the holiday season approaching. Please let me know your availability this week to go over the details.

Best regards,
Sara

받는 사람: David
제목: 4분기 캠페인 론칭 관련 다음 단계

David 안녕하세요,

안녕히 지내고 계시길 바랍니다.

이 메일의 주요 목적은 4분기 캠페인의 다음 단계를 논의하기 위함입니다.
세 가지 간단한 포인트로 정리해 드리겠습니다.
1. 변경된 출시 날짜 확정하기
2. 마케팅 자료 최종 확정하기
3. 새로운 일정에 맞춰 역할 배분하기

연휴 시즌이 다가오고 있는 만큼, 이 사안은 시급히 해결해야 할 중요한 문제입니다. 이번 주 중 세부 사항을 논의할 수 있는 시간을 알려주시면 감사하겠습니다.

Sara 드림

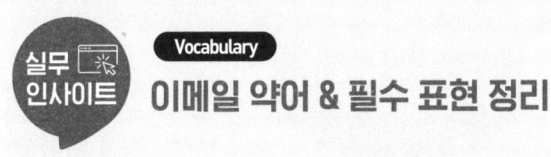

이메일 약어 & 필수 표현 정리

1. CC(Carbon Copy) 참조

Please CC Jason on this email so he's in the loop.
제이슨도 함께 참조에 넣어주세요.

2. BCC(Blind Carbon Copy) 숨은 참조

I'll BCC the manager so others don't see her address.
다른 사람들이 매니저의 주소를 보지 못하도록 숨은 참조에 넣을게요.

3. Re(regarding) ~에 관하여 (답장 제목 자동표시)

Re: Q3 Budget Update
3분기 예산 업데이트 관련 답장

4. Fwd(forward) 전달 (메일 재전달 시 자동표시)

Fwd: Client Feedback Summary
클라이언트 피드백 요약 전달

5. FYI(For Your Information) 참고로 / 참고용 정보

FYI, the updated file is now on the shared drive.
참고로, 수정된 파일이 공유 드라이브에 업로드 되었습니다.

6. ASAP(As Soon As Possible) 가능한 한 빨리

Please review the draft ASAP so we can send it to the client.
초안을 가능한 한 빨리 검토하여 고객에게 보낼 수 있도록 부탁드립니다.

7. EOD (End of Day) 근무 종료 시점까지, 오늘 안으로

Can you send me the file by EOD today?
오늘 근무 종료 전까지 파일 보내주실 수 있을까요?

매뉴얼 4

음원 듣기

부탁이나 제안할 때 쓰는 표현

 핵심 포인트

업무 이메일을 쓰다 보면 '부탁'이나 '제안'을 해야 하는 순간이 꼭 옵니다. 하지만 이 부분이 바로 메일을 어렵게 만드는 지점이기도 합니다. 너무 직접적으로 표현하면 요구처럼 들리고, 너무 돌려 말하면 의도가 모호해져 전달력이 떨어집니다. 특히 영어 이메일에서는 부탁의 뉘앙스와 정중함의 균형이 중요합니다. 단어 하나만 달라져도 전체 인상이 크게 달라집니다.

이번 매뉴얼에서는 부탁과 제안을 자연스럽게 표현하는 문장들을 배웁니다. 이 표현들을 익히면, 요청 메일을 보낼 때마다 망설이던 시간을 줄이고 상대방에게 "일 잘하는 사람"이라는 인상을 남길 수 있습니다.

 핵심 문장 미리보기

이번 매뉴얼 4에서는 요청과 제안을 정중하게 전달하는 표현을 다룹니다.

- **정중한 요청** 요청 하나 드려도 괜찮을까요?
- **부드러운 제안** 제안 하나 드리고 싶습니다.
- **확인 요청** 가능하시다면 확인 부탁드립니다.

핵심 문장 1 — 정중한 요청
요청 하나 드려도 괜찮을까요?

[Casual]

I was wondering if you could help me with this task.
이 업무를 도와주실 수 있을까 해서요.

I was wondering if you could help me with this part; your input would be really valuable.
이 부분에 대해 도움 주실 수 있을까요? 당신의 의견이 큰 도움이 될 것 같습니다.

[Formal]

Would it be possible to ask for your support on this?
이 부분에 대해 도움을 요청드려도 괜찮을까요?

Would you mind reviewing the document by Friday?
금요일까지 문서 검토 부탁드려도 괜찮을까요?

Would you mind reviewing the document by Friday so we can finalize it next week?
다음 주에 확정할 수 있도록, 금요일까지 문서 검토 부탁드려도 괜찮을까요?

- I was wondering if ~해주실 수 있나요?
- Would you mind ~ing? ~해주시겠어요?
- ask for support 도움을 요청하다

[Casual] I was wondering if you could~은 부드러운 요청으로, 동료나 협업 파트너에게 부담 없이 쓰입니다. 또한, 요청 메일에서는 왜 필요한지 이유를 한 줄 덧붙이면 설득력이 더 높아집니다.

[Formal] Would it be possible to ~는 공손하고 격식 있는 요청 표현이며, Would you mind ~ing?는 상대를 배려하며 정중하게 부탁하는 표현으로 공손한 표현입니다. 요청 상황의 격식·관계·거리감에 따라 톤을 조절하고 상황에 맞게 선택하는 것이 중요합니다.

핵심 문장 2 〔부드러운 제안〕 제안 하나 드리고 싶습니다.

[Casual]

Here's a thought I wanted to share with you.
함께 나누고 싶은 아이디어가 하나 있습니다.

Here's a thought I wanted to share. This might help us speed up the approval process.
함께 나누고 싶은 아이디어 하나가 있습니다. 승인 절차를 더 빠르게 진행하는 데 도움이 될 것 같습니다.

[Formal]

I'd like to suggest a quick call to go over the details.
세부사항 논의를 위한 간단한 통화를 제안드리고 싶습니다.

May I present a different course of action?
다른 실행 방안을 제시드려도 될까요?

May I propose an alternative approach that could reduce the cost?
비용 절감에 도움이 될 수 있는 다른 접근 방식을 제안드려도 될까요?

- suggest 제안하다
- propose 제안하다

[Casual] Here's a thought ~는 가장 부드러운 제안으로, 함께 고민하고 싶은 의견을 전합니다. 특히 This might help us ~처럼 구체적 기대효과를 덧붙이면 설득력이 높아집니다.

[Formal] suggest a quick call ~은 실행을 중심에 둔 제안으로, 일정 조율이나 논의 상황에 적합합니다. 반면 May I propose~?는 다른 방안을 제시할 때 유용하며 May I present a different course of action?은 현재 진행 중인 계획의 방향을 바꾸거나 새로운 실행 전략을 제안할 때 사용합니다.

핵심문장 3 〔확인 요청〕 가능하시다면 확인 부탁드립니다.

[Casual]

If possible, could you take a look at the file today?
가능하시다면 오늘 그 파일을 봐주실 수 있을까요?

When you have a moment, please let me know your thoughts.
시간 되실 때 의견 주시면 감사하겠습니다.

[Formal]

When you have a moment, please confirm the final schedule so we can move forward.
시간 되실 때 최종 일정을 확인해 주시면 다음 단계로 진행하겠습니다.

It would be great if you could confirm by the end of the day.
오늘 중으로 확인해 주시면 정말 감사하겠습니다.

It would be great if you could confirm by the end of the day. We're preparing for tomorrow's release.
오늘 중으로 확인해 주시면 감사하겠습니다. 내일 출시 준비에 반영할 예정입니다.

- If possible 가능하시다면
- end of the day 하루가 끝날 무렵

[Casual] If possible, could you ~는 가장 대표적인 정중한 요청 표현으로, 상대에게 선택권을 줍니다. When you have a moment은 상대를 배려하는 뉘앙스이며, let me know your thoughts는 의견을 자연스럽게 요청하는 표현입니다.

[Formal] confirm the final schedule은 일정 확정 요청에 적합하고, It would be great if you could ~은 감사의 뉘앙스로 요청을 부드럽게 전달합니다. 기한이나 이유를 함께 제시하면 빠른 대응을 이끌 수 있습니다.

리얼 비즈니스

Olivia가 지난주 검토한 디자인 덱(슬라이드) 수정본과 관련해 James에게 후속 메일을 보냅니다. 업데이트 확인, 슬라이드 추가 제안, 서식 점검 요청을 자연스럽게 담은 실무형 이메일 예시입니다.

To: James
Subject: Quick Request–Design Deck Update

Hi James,

I hope you're doing well.

I'm reaching out to ask for a quick favor regarding the design deck we reviewed last week.

Would it be possible for you to take a look at the updated version and share your thoughts by Wednesday? Also, I'd like to suggest adding one more slide at the end to highlight the upcoming launch schedule.

If possible, could you assign someone from your team to double-check the formatting? I know this is a bit last-minute, but your support always helps us catch small details before finalizing, so I'd really appreciate it if you could.

Best regards,
Olivia Laurence

받는 사람: **James**
제 목: **빠른 요청―디자인 덱 업데이트**

안녕하세요 James,

잘 지내고 계시길 바랍니다.

지난주에 검토했던 디자인 자료 관련해서 간단한 부탁을 드리고자 연락드립니다.

업데이트된 버전을 확인후 수요일까지 의견 공유해 주실 수 있을까요? 또한 다가오는 출시 일정을 강조하는 슬라이드를 마지막에 하나 더 추가하는 방안을 제안드리고 싶습니다.

가능하시다면 팀에서 서식을 한 번 더 점검해줄 수 있는 분을 배정해주실 수 있을까요? 급히 부탁드려 죄송하지만, 늘 세심하게 살펴 주신 덕분에 최종 검토에서 많은 도움이 되고 있습니다. 이번에도 도움 정말 감사하겠습니다.

Olivia Laurence 드림

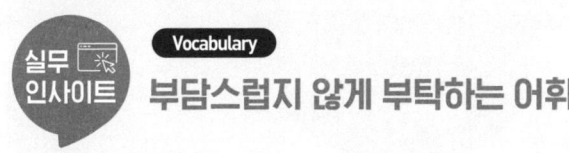

부담스럽지 않게 부탁하는 어휘

1. loop someone in (정보 공유를 위해) ~를 메일 대화에 포함시키다

I'm looping Clara in so she's aware of the update.
Clara도 업데이트 내용을 공유받을 수 있도록 메일에 포함시킵니다.

2. iron out (issues / details) 문제나 세부 사항을 해결하다, 조율하다

We still need to iron out a few details before sending the final version.
최종본을 보내기 전에 아직 조율해야 할 세부 사항이 있습니다.

3. back-and-forth 앞뒤로, 여러 차례의 의견 교환

After some back-and-forth with the client, we agreed on the final layout.
클라이언트와 여러 번 의견을 주고받은 끝에 최종 레이아웃에 합의했습니다.

4. put something on hold 일시 중단하다, 보류하다

The project has been put on hold until we get budget approval.
예산 승인을 받을 때까지 프로젝트는 보류된 상태입니다.

5. circle the date 날짜를 미리 표시하다 / 중요한 일정으로 기억해 두다

Please circle the date—that's when we'll present to the board.
그날은 꼭 기억해 두세요. 이사회 발표 일정입니다.

6. fall through (계획이나 제안이) 무산되다

Our initial deal with the supplier fell through due to pricing issues.
가격 문제로 공급업체와의 초기 계약이 무산되었습니다.

매뉴얼 5

음원 듣기

내 입장·의견을 분명히 전하기

 핵심 포인트

이전 매뉴얼 4에서는 상대에게 부탁하고 제안하는 법을 배웠습니다. 이제는 한 단계 나아가, 내 입장을 분명히 밝히되 정중함을 유지하는 법을 살펴봅니다. 업무에서는 언제나 의견 조율과 결정이 필요합니다. 때로는 결정을 미루기보다 입장을 명확히 밝히는 것이 일을 앞당기는 방법이 됩니다. 영어 이메일에서는 이 부분이 가장 어렵습니다. 너무 직설적이면 공격적으로, 돌려 말하면 모호하게 들리기 쉽습니다.

이번 매뉴얼 5에서는 감정이 아닌 논리로 의견을 설득하는 문장 구조를 배웁니다. 업무 중에는 의견 차이가 생기거나, 결정 과정에서 내 생각을 분명히 밝혀야 하는 순간이 있습니다. 단순한 "Yes or No"를 넘어 의견이 오가는 커뮤니케이션으로 발전하는 방법을 익힙니다.

 핵심 문장 미리보기

이번 매뉴얼 5에서는 자신의 입장을 분명히 하면서도 정중하게 표현하는 방법을 다룹니다.

- **입장 명확히 밝히기** 제 입장을 분명히 하고 싶습니다.
- **개인적인 견해 제시** 제 생각은 이렇습니다.
- **핵심 요지 정리** 제가 말씀드리고 싶은 요지는 이겁니다.

핵심 문장 1 — 입장 명확히 밝히기
제 입장을 분명히 하고 싶습니다.

Casual

I'd like to clearly state my position on this.
이 사안에 대해 제 입장을 분명히 하고 싶습니다.

Just to be clear, I'm not in favor of this approach.
분명히 말씀드리자면, 저는 이 방식에 찬성하지 않습니다.

Formal

For clarity, I'd like to emphasize my concerns.
혼동을 피하기 위해, 제 우려를 강조하고 싶습니다.

To be transparent, I see a few potential risks in moving forward as planned.
솔직히 말씀드리자면, 현재 계획대로 진행할 경우 몇 가지 리스크가 우려됩니다.

While I understand your point, my view slightly differs based on the data we have.
말씀하신 부분은 이해하지만, 보유한 데이터에 근거하면 제 견해는 다소 다릅니다.

- state 진술하다, (정식으로) 말하다
- clarity 명확성
- be in favor of ~ ~에 찬성하여
- transparent 투명한, 솔직한

Casual 실무 이메일에서 가장 어려운 순간은 의견 차이를 표현해야 할 때입니다. I'd like to clearly state ~은 감정이 아닌 사실 중심으로 입장을 밝히는 기본 문장이고, Just to be clear는 오해를 방지하며 반대 의견을 완곡하게 전해줍니다.

Formal For clarity는 논리적 근거를 강조할 때, To be transparent는 비판적 내용을 솔직하지만 신중하게 전달할 때 유용합니다. While I understand your point ~는 상대의 의견을 인정하면서 근거를 제시해 협의를 유도하는 안전한 구조입니다.

핵심문장 2 — 개인적인 견해 제시
제 생각은 이렇습니다.

[Casual]

From my perspective, this may not be the best path forward.
제 관점에서는 이것이 최선의 방향은 아닐 수도 있습니다.

Personally, I believe this needs more discussion.
개인적으로는, 이 사안에 더 많은 논의가 필요하다고 봅니다.

In my view, we should consider other options.
제 생각에는, 다른 선택지도 고려해야 할 것 같습니다.

[Formal]

From my standpoint, maintaining consistency would strengthen our overall brand perception.
제 입장에서는, 일관성을 유지하는 것이 브랜드 이미지 강화를 돕는다고 봅니다.

From a strategic perspective, revisiting the proposal now might position us better for next quarter.
전략적 관점에서 보면, 지금 제안을 재검토하는 것이 다음 분기 대비에 유리할 수 있습니다.

- perspective 관점
- standpoint 입장, 관점
- strategic 전략적인

[Casual] From my perspective는 개인의 경험에 기반한 의견 제시에, Personally, I believe는 부드럽게 이견을 제시할 때 유용합니다. consider other options처럼 대안을 함께 제시하면 반대 의견도 자연스럽게 전달됩니다.

[Formal] my standpoint는 공식 문서에서 입장을 밝힐 때, a strategic perspective는 근거와 전략적 판단을 제시할 때 적합합니다. I think 대신 근거를 암시하거나 어조를 조절하는 표현을 쓰면 설득력이 높아집니다.

핵심문장 3 — 핵심 요지 정리
제가 말씀드리고 싶은 요지는 이겁니다.

[Casual]

My main point is that we need better alignment across teams.
제가 말씀드리고 싶은 핵심은, 팀 간 협력이 더 잘 이뤄져야 한다는 점입니다.

What I want to highlight is the need for clearer timelines.
제가 강조하고 싶은 건, 더 명확한 일정이 필요하다는 점입니다.

The key takeaway from my side is the urgency of this issue.
제 입장에서의 핵심은, 이 사안의 시급성입니다.

[Formal]

If I could boil it down to one thing, it's that our timeline needs to be more realistic.
한마디로 요약하자면, 일정이 좀 더 현실적일 필요가 있습니다.

My takeaway from this discussion is that we need clearer ownership moving forward.
이번 논의에서 제가 얻은 결론은, 앞으로 명확한 역할 구분이 필요하다는 점입니다.

- alignment 정렬, 조율, 협력
- ownership 책임, 주도권

[Casual] My main point is that ~은 핵심 의견을 명확히 제시할 때, What I want to highlight is ~는 강조하고 싶은 포인트를 짚을 때 사용합니다. The key takeaway from my side ~는 회의 후 요약 메일에 적합합니다.

[Formal] boil it down to one thing은 본질을 간결히 정리할 때 유용합니다. ownership은 팀 내 책임과 역할 구분을 명확히 할 때 쓰입니다.

리얼 비즈니스

Jay가 제안된 프로젝트 일정이 비현실적이라 판단하고, Mia에게 현실적인 조정을 제안하는 이메일입니다. 일정의 긴급함을 인정하면서도, 품질 유지를 위해 연장이 필요하다는 입장을 논리적으로 밝힙니다.

To	Mia
Subject	Feedback on the proposed timeline

Dear Mia,

I'd like to clearly state my position on this.
From my perspective, the current timeline may not be realistic.
Personally, I believe we need more time to complete the initial phase properly.

What I want to highlight is that rushing this part could lead to quality issues later. I fully understand the urgency, but I think a short extension might help us deliver better results.

Let me know your thoughts when you have a moment.

Best regards,
Jay

받는 사람	**Mia**
제 목	**제안된 일정에 대한 의견**

Mia,

이 사안에 대해 제 입장을 분명히 말씀드리고 싶습니다.
제 관점에서는 현재 일정이 현실적이지 않을 수 있습니다.
개인적으로는, 초기 단계를 제대로 마무리하기 위해 시간이 좀 더 필요하다고 생각합니다.

제가 강조하고 싶은 점은, 이 부분을 서두르면 나중에 품질 문제로 이어질 수 있다는 것입니다. 긴급하다는 점은 충분히 이해하지만, 짧은 연장이 더 나은 결과로 이어질 수 있다고 생각합니다.

시간 괜찮으실 때 의견 주시면 감사하겠습니다.

Jay 드림

 **Manner & Tip**

메일을 논리적으로·예의 있게 쓰기

비즈니스 이메일은 단순한 연락 수단이 아니라 '당신의 사고력과 태도'를 보여주는 창구입니다. 내용이 아무리 좋아도 구조가 어수선하거나, 어조가 직설적이면 설득력이 떨어집니다. 논리적이면서도 예의를 갖춘 메일을 쓰려면 다음 다섯 가지 원칙을 기억하세요.

1. 핵심부터, 하지만 부드럽게

영어 이메일은 기본적으로 [결론 → 설명 → 요청] 순서를 따릅니다. 처음부터 요점을 제시하되, just to give you a quick overview나 to summarize briefly 같은 완화 표현을 덧붙이면 톤이 부드러워집니다.

 Tip! 핵심은 빠르게, 그러나 어조는 부드럽게 전달하세요.

2. 논리는 단락으로, 문장은 짧게

한 통의 메일에는 하나의 주제만 담아야 합니다. 두세 줄 이상 이어지면 메시지가 흐려지므로 문단을 나누고 불필요한 수식을 줄이세요.

 Tip! 문장은 짧게, 문단은 명확하게 구성하면 설득력이 높아집니다.

3. 감정보다는 근거로

I feel 대신 I found / I noticed / I observed처럼 사실 기반 표현을 사용하세요. 감정을 줄이고 데이터나 관찰 중심으로 서술하면 신뢰도를 높일 수 있습니다.

 Tip! 감정보다 근거를 제시하면 메시지가 단단해집니다.

4. 반대 의견은 '배려형 문장'으로

직설적인 No 대신 I understand your point, but ~ / While I agree with the idea, ~처럼 조건과 대안을 함께 제시하면 부드럽게 거절할 수 있습니다.

 Tip! 반대할 때일수록 먼저 공감하고, 그다음 이유를 제시하세요.

5. 마무리는 짧지만 인상 있게

단순히 Please let me know로 끝내기보다 Your feedback always helps refine our ideas처럼 문맥을 살린 문장을 더하세요.

 Tip! 마지막 한 줄에 상대에 대한 감사나 배려의 메시지를 담으세요.

매뉴얼 6

문제가 생겼을 때 설명하는 법

 핵심 포인트

회사 생활에서 피할 수 없는 순간이 있습니다. 바로 문제가 생겼을 때 보고해야 하는 순간입니다. 예기치 못한 일정 지연, 자료 오류, 시스템 문제 등은 누구에게나 발생할 수 있습니다. 하지만 문제 그 자체보다 더 중요한 것은 '어떻게 설명하느냐' 입니다. 불필요하게 길게 변명하거나, 반대로 무뚝뚝하게 사실만 던지면 신뢰를 잃을 수 있습니다.

이럴 때 필요한 것은 명확함과 책임감이 느껴지는 커뮤니케이션 구조입니다. 문제를 언급할 때는 감정을 배제하고, 현재 상황과 조치 현황, 예상 복구 시점을 순서대로 전달해야 합니다. 이번 매뉴얼 6을 익히면 돌발 상황에서도 당황하지 않고, '문제를 해결하는 사람'으로 인식될 수 있습니다. 즉, 위기 상황을 신뢰의 기회로 바꾸는 이메일 기술이 바로 이 단계의 핵심입니다.

 핵심 문장 미리보기

이번 매뉴얼에서는 예상치 못한 문제 발생 시, 상황을 명확히 보고하고 대응 방향을 설명하는 표현을 다룹니다.

- `문제 발생 보고` 문제가 발생했습니다.
- `현재 상황 설명` 현재 상황을 설명드리자면…
- `해결 조치 안내` 해결을 위해 이렇게 하고 있습니다.

핵심문장 1

> 문제 발생 보고

문제가 발생했습니다.

[Casual]

We've encountered an issue with the schedule.
일정에 문제가 생겼습니다.

There's been a delay due to unexpected circumstances.
예상치 못한 상황으로 인해 지연이 발생했습니다.

Something came up that affected the original plan.
원래 계획에 영향을 준 일이 생겼습니다.

[Formal]

We've identified the root cause and are currently working on a fix.
문제의 원인을 확인했고, 현재 해결 중입니다.

We'll share an update as soon as we confirm the revised schedule.
수정된 일정을 확인하는 대로 다시 공유드리겠습니다.

- encounter 마주치다, 겪다
- circumstance 상황, 환경, 정황
- revised 수정된

[Casual] encounter an issue는 감정을 배제하고 상황을 보고할 때 적합합니다. There's been a delay는 결과 중심의 표현으로 진행 상황을 간단히 알릴 때 쓰이며, Something came up은 예기치 못한 변수를 완곡하게 전달할 때 자연스럽습니다.

[Formal] identify the root cause는 핵심 원인을 파악했음을, be working on a fix는 해결이 진행 중임을 나타내며, as soon as we confirm은 명확한 시점을 제시해 상황 통제력을 보여줍니다.

핵심 문장 2 [현재 상황 설명]
현재 상황을 설명드리자면...

[Casual]

Let me explain where things stand right now.
현재 상황을 설명드리겠습니다.

Here's a quick update on the situation.
현재 상황을 간단히 업데이트 드리자면요.

Just to clarify, here's what happened.
오해 없도록 상황을 설명드리자면 이렇습니다.

[Formal]

The issue has been contained, and we're monitoring the system closely to ensure stability.
문제는 현재 통제된 상태이며, 안정성을 확보하기 위해 지속적으로 모니터링 중입니다.

While this caused a slight setback, it also helped us identify areas for improvement in our process.
이번 일로 약간의 차질은 있었지만, 내부 프로세스를 개선할 기회를 얻었습니다.

- contain (문제를) 통제하다
- setback 일시적인 차질

[Casual] where things stand는 현재의 진행 상황을 짚어줄 때, a quick update on ~은 간결한 현황 보고를 할 때 유용합니다. Just to clarify는 오해나 혼선을 바로잡을 때 논리적이고 침착한 톤으로 신뢰를 줍니다.

[Formal] has been contained는 문제가 더 이상 확산되지 않음을 뜻하고, be monitoring closely는 상황을 면밀히 주시하며 관리 중임을 나타냅니다. identify areas for improvement는 이번 일을 개선의 기회로 삼는 긍정적 표현입니다.

핵심문장 3 〔해결 조치 안내〕 해결을 위해 이렇게 하고 있습니다.

[Casual]

We're currently working on a solution.
현재 해결 방안을 찾고 있습니다.

We've already taken steps to fix it.
이미 문제 해결을 위한 조치를 취했습니다.

We expect to resolve this by tomorrow.
이 문제는 내일까지 해결될 것으로 예상됩니다.

[Formal]

We've already taken steps to fix the data error and are verifying the updated system.
데이터 오류 수정 조치를 완료하고, 업데이트된 시스템을 검증 중입니다.

Our team is actively working on a long-term solution to ensure this doesn't recur.
동일한 문제가 다시 발생하지 않도록 장기적 해결책을 마련 중입니다.

- take steps 조치를 취하다
- verify 확인하다, 검증하다
- resolve 해결하다
- recur 재발하다

[Casual] be working on a solution은 해결이 진행 중임을, We've already taken steps는 이미 대응이 이뤄졌음을 뜻합니다. expect to resolve this by tomorrow는 해결 예상 시점을 제시해 신뢰감을 높여줍니다.

[Formal] verify the updated system은 기술·품질 업무에서 신뢰성을 강조하고, long-term solution과 ensure this doesn't recur는 재발 방지를 강조해 장기적 관리 의지를 드러냅니다.

리얼 비즈니스

Grace가 프로젝트 일정에 예기치 못한 지연이 발생했고, 공급 업체의 내부 문제로 납품이 늦어졌지만, 단순히 문제를 보고하는 데 그치지 않고 예비 공급 업체로 전환했다는 구체적인 조치와 해결 예상 시점까지 명확히 제시하는 이메일입니다.

To: Daniel
Subject: Quick update on the project timeline

Hi Daniel,

We've encountered an issue with the schedule, and there's been a delay due to unexpected circumstances.

Let me explain where things stand right now. The supplier had an internal issue which slowed down delivery. We've already taken steps to fix it by switching to a backup vendor.

We expect to resolve this by Thursday at the latest, and I'll keep you posted if anything changes.

Best,
Grace

받는 사람: **Daniel**
제 목: **프로젝트 일정 관련 간단한 업데이트**

안녕하세요 Daniel,

일정에 문제가 발생했습니다. 예상치 못한 상황으로 인해 지연이 있었습니다.

현재 상황을 설명드리겠습니다. 공급 업체 내부 문제로 인해 납품이 늦어졌습니다. 저희는 이미 예비 공급 업체로 전환하여 이를 해결하기 위한 조치를 취했습니다.

늦어도 목요일까지는 문제가 해결될 것으로 예상하며,
변경 사항이 생기면 바로 알려드리겠습니다.

Grace 드림

Culture

문화 차이를 유머러스하게 잡아내되, 메시지는 프로답게

비즈니스 미팅을 통역하다 보면, 서구권의 직설적이고 유머러스한 말투가 긴장된 한국식 분위기와 극명하게 대비될 때가 있습니다. 특히 문제가 생겼을 때, 그 말투의 차이는 더욱 도드라집니다. 같은 상황이라도 문화에 따라 표현의 온도와 감정선이 전혀 다르게 전달됩니다.

서구권에서는 이렇게 말합니다.

"We've encountered a problem with the shipment."
배송에 문제가 생겼습니다.

"We've had a short delay, but it's under control."
약간의 지연이 있었지만, 이미 조치 중입니다.

이 표현은 문제를 명확히 인식하고, 해결의 출발점으로 삼습니다. 영어 비즈니스 메일에서는 돌려 말하지 않고, 사실을 바로 제시하는 솔직함이 기본입니다.
이 한 문장 안에는 문제·조치·통제력이 모두 담겨 있습니다.

한국인은 같은 상황에서 이렇게 말합니다.

"배송 일정이 조금 조정될 수도 있을 것 같습니다."

이 표현은 상대에 대한 배려를 담고 있지만, 영어권 청자에게는 "결국 늦는다는 거잖아?"라는 불필요한 해석을 낳을 수 있습니다. 한국식 완곡함은 관계에서는 부드럽지만, 글로벌 환경에서는 때로 정보를 숨긴다는 인상을 줄 수 있습니다.

결국 이메일에서도 문화는 드러납니다.

한국은 "괜찮을까요?"로, 서구권은 Here's what happened로 시작합니다. 둘 다 예의는 있지만, 접근 방식이 다릅니다. 하나는 배려로 신뢰를 쌓고, 다른 하나는 솔직함으로 신뢰를 지킵니다. 무엇보다 중요한 건, 메일을 받는 사람의 입장에서 가장 알고 싶은 내용을 명확히 전달하는 것입니다.

매뉴얼 7

세부사항 확인·추가 자료 요청하기

 핵심 포인트

회사 업무에서 가장 잦은 오해는 '이미 다 공유된 줄 알았다'는 착각에서 시작됩니다. 메일 한 줄, 파일 하나가 빠져도 프로젝트의 방향이 어긋나고, 그 결과 보고 일정이 밀리거나 수정 작업이 반복됩니다. 특히 여러 팀이 협업 환경에서는 확인 절차가 필수입니다. 하지만 이런 요청을 직접적으로 표현하면 자칫 실수를 지적하는 것처럼 들릴 수 있습니다.

그래서 예의 있게, 그러나 명확하게 확인·요청하는 법이 중요합니다. 자료를 요청할 때는 왜 필요한지와 어떻게 활용될지를 함께 설명하면 상대가 방어적으로 느끼지 않고 협조적으로 반응합니다. 이번 매뉴얼 7을 익히면, 메일의 목적이 더욱 선명해지고 '요청 메일'이 소통을 완성하는 과정의 일부로 바뀝니다.

 핵심 문장 미리보기

이번 매뉴얼 7에서는 세부사항 확인과 자료 요청, 누락 점검에 필요한 핵심 표현을 다룹니다.

- **세부사항 재확인** 몇 가지 세부사항을 다시 확인하고 싶습니다.
- **자료 요청** 자료를 하나 부탁드리고자 합니다.
- **누락 점검 안내** 혹시 누락된 부분이 있으면 말씀 부탁드립니다.

핵심 문장 1 〔세부사항 재확인〕
몇 가지 세부사항을 다시 확인하고 싶습니다.

[Casual]

I just wanted to confirm a few details.
몇 가지 세부사항을 확인하고자 합니다.

Could you clarify the timeline for this project?
이 프로젝트 일정에 대해 좀 더 명확히 설명해주실 수 있을까요?

Let me double-check the requirements before we move forward.
진행하기 전에 요구사항을 다시 한번 확인하고자 합니다.

[Formal]

Could you clarify the details when you get a moment?
시간 괜찮으실 때 세부사항 확인 부탁드립니다.

Just to avoid any confusion, I wanted to confirm the final numbers.
혼동을 피하기 위해 최종 수치를 다시 한번 확인드리고자 합니다.

- double-check 재확인하다
- confusion 혼선, 오해

[Casual] I just wanted to confirm a few details처럼 부드럽게 시작하면 상대에게 부담 없이 대화를 이어갈 수 있습니다. confirm, clarify, double-check은 세부사항을 재확인하며 이해를 맞춰보자는 협업형 표현입니다.

[Formal] when you get a moment는 요청의 어조를 부드럽게 만들어 상대의 일정에 대한 배려를 드러내고, Just to avoid any confusion은 재확인의 목적을 분명히 하며 신뢰감을 줍니다.

> **핵심문장 2** `자료 요청`
> ## 자료를 하나 부탁드리고자 합니다.
>
> `Casual`
> **Would you mind sending over the latest version?**
> 최신 버전을 보내주실 수 있을까요?
>
> **Could you share the full report when it's ready?**
> 보고서가 준비되면 전체를 공유해 주실 수 있을까요?
>
> `Formal`
> **I'd appreciate it if you could send me the file by Friday.**
> 금요일까지 파일을 보내주시면 감사하겠습니다.
>
> **I'd appreciate it if you could send the dataset for our review.**
> 검토를 위해 데이터셋을 보내주시면 감사하겠습니다.
>
> **Please include any recent updates so we can align before the meeting.**
> 회의 전 정리를 위해 최신 업데이트가 있으면 함께 보내주세요.
>
> ---
> - latest (가장) 최근의, 최신의

`Casual` Would you mind ~?는 정중하지만 부담스럽지 않은 부드러운 요청 표현입니다. when it's ready도 '준비되면'이라는 상대 존중형 표현이지만, 문장 전체의 톤은 여전히 가볍고 친근합니다.

`Formal` I'd appreciate it if you could ~는 감사의 뉘앙스를 담아 요청할 수 있는 공식적 표현입니다. for our review는 요청의 목적을 명확히 해줍니다. Please include와 so we can align은 협업의 목적을 강조해 팀 간 조율을 돕습니다.

핵심 문장 3 — 누락 점검 안내
혹시 누락된 부분이 있으면 말씀 부탁드립니다.

[Casual]

Please let me know if anything's missing.
빠진 내용이 있다면 알려주세요.

If I missed something, please tell me.
제가 놓친 부분 있으면 말씀해 주세요.

Please let me know if I've overlooked anything.
혹시 제가 간과한 게 있으면 알려주세요.

[Formal]

If you spot any gaps, I'd appreciate your input.
빠진 부분이 보이면 의견 주시면 감사하겠습니다.

Happy to make any adjustments if needed.
필요하다면 언제든 수정하겠습니다.

- missing 빠진, 누락된
- spot 발견하다, 찾아내다
- overlook 간과하다, 놓치다
- adjustment 조정, 수정

[Casual] Please let me know if ~은 대표적인 누락 확인 문장으로, 책임을 묻지 않고 협조를 구할 때 적합합니다. If I missed ~나 if I've overlooked ~처럼 '내가 놓쳤을 수도 있다'는 전제를 두면, 상대가 방어적이기보다 협조적으로 반응하게 됩니다.

[Formal] spot any gaps는 '누락된 부분을 발견하다'라는 의미로 상대의 검토 참여를 유도합니다. 마지막으로 Happy to ~는 열린 태도와 유연성을 보여줍니다. 이런 한 줄이 협업의 인상과 신뢰의 깊이를 결정합니다.

리얼 비즈니스

Daniel이 프로젝트를 진행하기 전, 세부 일정을 확인하고 자료를 요청하는 메일을 보냅니다. 팀 간 커뮤니케이션에서 자주 발생하는 부분이 바로 이 확인·요청 단계입니다. 진행 상황을 점검하고 서로의 역할을 명확히 하는 과정입니다.

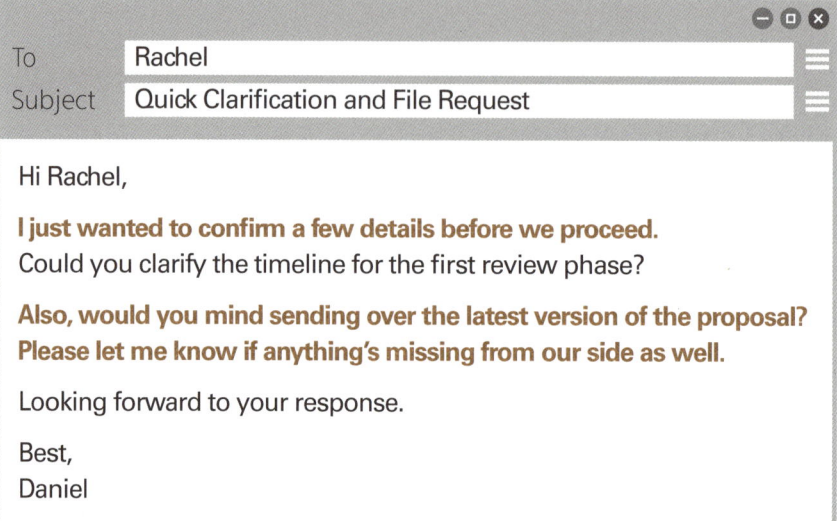

받는 사람 **Rachel**
제 목 **간단한 확인 및 자료 요청**

안녕하세요, Rachel.

진행하기 전에 몇 가지 세부사항을 확인하고 싶습니다.
첫 번째 검토 단계의 일정이 어떻게 되는지 알려주실 수 있나요?

그리고 제안서 최신 버전을 보내주실 수 있을까요?
혹시 저희 쪽에서 빠진 부분이 있다면 알려주세요.

회신 주시면 감사하겠습니다.

Daniel 드림

Expression

자연스럽게 부탁하는 영어 완충 표현

"이 부분 확인 부탁드립니다"라는 말을 하루에도 몇 번씩 쓰게 됩니다. 하지만 영어에서는 이 말을 직접적으로 번역하기보다, 상대의 시간을 배려하며 자연스럽게 시작하는 표현을 써야 합니다. 특히 요청 메일의 첫 문장은 메일의 인상을 결정합니다. 갑작스러운 요구처럼 들리지 않게 하려면, '시간이 되실 때', '가능하시다면' 같은 완충 표현으로 시작하는 것이 좋습니다.

이런 표현은 단순히 공손해 보이는 것 이상으로, 상대방의 일정과 우선순위를 존중한다는 메시지를 전달합니다. 작은 차이지만, 같은 요청이라도 이렇게 표현하면 상대가 메일을 긍정적으로 읽게 만드는 효과가 있습니다.

1. when you get a chance 시간 되실 때

When you get a chance, could you review the attached slides?
시간 되실 때 첨부한 슬라이드 검토 부탁드립니다.

2. whenever you can 가능하실 때마다

Whenever you can, please share the latest report.
가능하실 때마다 최신 보고서 공유 부탁드립니다.

3. if possible 가능하시다면

If possible, please send the updated file by tomorrow morning.
가능하시다면 내일 오전까지 업데이트된 파일을 보내주세요.

4. at your earliest convenience 가능한 한 빠른 시일 내에

At your earliest convenience, please confirm the delivery schedule.
가능한 한 빠른 시일 내에 납품 일정을 확인 부탁드립니다.

매뉴얼 8

일정 다시 잡고 후속 안내하기

 핵심 포인트

실제 업무에서는 확인이 끝난 뒤에도 예기치 못한 변수로 일정이 변경되는 상황이 자주 발생합니다. 회의 참석자가 갑자기 출장에 들어가거나, 자료 준비가 늦어지는 등 예상치 못한 변수가 생기면 약속했던 일정은 순식간에 조정 대상이 됩니다. 이때 가장 어려운 건 '무엇을 바꾸는가'가 아니라 '어떻게 말하느냐'입니다. 표현 방식에 따라 자칫 무책임하거나 지나치게 소극적으로 들릴 수 있기 때문입니다. 결국 일정을 조율하는 이메일은 일정 변경보다 태도를 보여주는 글입니다.

단순히 "회의를 미룹니다"가 아니라, 상대의 시간을 존중하며 매끄럽게 다시 일정을 조율하는 것이 핵심입니다. 매뉴얼 8을 익히면, 단순히 미루는 통보가 아니라, 새로운 일정 제안과 후속 계획을 함께 제시해서 상대가 혼란 없이 상황을 이해하고 다음 단계를 준비할 수 있습니다. 일정 변경 메일이 더 이상 미안한 공지가 아니라 상황을 리드하는 프로의 커뮤니케이션으로 바뀌게 됩니다.

 핵심 문장 미리보기

이번 매뉴얼 8에서는 일정을 다시 조정하고 후속 안내를 전할 때 꼭 필요한 표현들을 다룹니다.

- `일정 변경 안내` 회의 일정을 다시 조정해야 할 것 같습니다.
- `새 일정 제안 요청` 가능한 날짜를 알려주세요.
- `확정 후 후속 안내` 시간 확정되면 다시 안내드릴게요.

핵심 문장 1 〔일정 변경 안내〕
회의 일정을 다시 조정해야 할 것 같습니다.

〔Casual〕
We need to reschedule our meeting.
회의 일정을 다시 조정해야 할 것 같습니다.

Can we find another time that works for both of us?
우리 둘 다 가능한 다른 시간을 찾아볼 수 있을까요?

〔Formal〕
I'm afraid we'll have to move the call to another time.
통화 일정을 다른 시간대로 옮겨야 할 것 같습니다.

Can we move the meeting to Wednesday morning instead?
회의를 수요일 오전으로 옮겨도 괜찮을까요?

I'll check with the team and suggest a few alternative slots.
팀과 상의 후 가능한 다른 시간대를 제안드리겠습니다.

- reschedule 일정을 다시 잡다
- move the call/meeting 회의나 통화를 미루다
- another time 다른 시간대
- alternative slots 대체 시간대

〔Casual〕 reschedule은 회의나 미팅을 연기하거나 새로 잡을 때 사용하는 가장 기본적인 표현입니다. find another time은 협조적 어조로 상대와의 관계를 부드럽게 유지하는 표현입니다.

〔Formal〕 I'm afraid는 사과 없이도 유감의 뜻을 전하는 표현입니다. move the call은 일정 변경을 말할 때 쓰이며, instead로 대체 일정을 제시할 수 있습니다. check with the team과 alternative slots는 내부 협의와 외부 조율을 나타냅니다.

핵심문장 2

새 일정 제안 요청
가능한 날짜를 알려주세요.

[Casual]

Let me know your availability for next week.
다음 주 가능하신 일정 알려주세요.

What time works best for you?
언제가 가장 괜찮으신가요?

[Formal]

Are you free on Tuesday morning or Wednesday afternoon?
화요일 오전이나 수요일 오후에 가능하신가요?

Would either of these times work for you?
이 두 시간 중에 하나 괜찮으실까요?

If it's easier for you, feel free to suggest a different time.
더 편하신 시간이 있다면 제안해 주셔도 됩니다.

- either of 둘 중 하나

[Casual] availability는 일정 가능 여부를 부드럽게 확인할 때 적합합니다. work best는 조금 더 대화체 톤으로 가장 효율적인 시간을 찾는 실무형 표현입니다.

[Formal] Are you free on ~?은 간결하지만 정중한 일정 제안 표현으로, 구체적인 시간대를 제시하면 답변 효율이 높아집니다. Would either of these times ~?는 부드럽게 의사를 확인하며, If it's easier for you는 유연한 조율 태도를 보여줍니다.

핵심문장 3 〔확정 후 후속 안내〕
시간 확정되면 다시 안내드릴게요.

〔Casual〕
I'll send over a new invite once we confirm the time.
시간이 확정되면 새 초대 메일 보내드릴게요.

I'll follow up with an updated schedule shortly.
곧 수정된 일정을 다시 안내드릴게요.

〔Formal〕
I'll keep you posted on any changes.
변경사항 있으면 계속 공유드릴게요.

I'll get back to you once the details are finalized.
세부사항이 확정되는 대로 다시 연락드리겠습니다.

Expect an updated agenda in your inbox later today.
오늘 중으로 수정된 아젠다가 메일함에 도착할 예정입니다.

- new invite 새 초대 메일
- updated schedule 수정된 일정표

〔Casual〕 I'll send over ~처럼 구체적 행동을 예고하면 상대가 다음 단계를 예측하기 쉽습니다. I'll follow up with ~는 변경이 잦은 프로젝트에서 유용하며, 진행 상황을 지속적으로 관리하고 있음을 보여줍니다.

〔Formal〕 I'll keep you posted는 대화체지만 공식 이메일에서도 쓰이는 신뢰감 있는 표현이며, get back to you는 비즈니스 전반에서 흔히 쓰이는 추후 회신 표현입니다. Expect an updated agenda ~는 확정적 어조로 후속 자료 전달을 안내합니다.

리얼 비즈니스

Rachel이 내부 일정이 겹치면서 킥오프 미팅 일정을 다시 조율해야 하는 메일입니다. 상대의 일정을 존중하면서도 변경 이유를 명확히 설명하고, 새로운 제안 시간을 함께 제시해 자연스러운 협의가 이루어집니다.

To: Kevin
Subject: Rescheduling Kickoff Meeting

Hi Kevin,

Unfortunately, we'll need to reschedule the kickoff meeting due to an internal scheduling conflict. Would next Monday at 3 PM work for you instead?

Once the new time is confirmed, I'll send over an updated calendar invite along with the agenda. Also, please let me know if there's anyone else you'd like to include. After the meeting, I'll follow up with the key decisions and next steps in writing.

Thanks again for your flexibility.

Best,
Rachel

받는 사람: **Kevin**
제 목: **킥오프 미팅 일정 재조정**

안녕하세요, Kevin님.

부득이하게 내부 일정이 겹쳐서 킥오프 미팅을 재조정해야 할 것 같습니다. 다음 주 월요일 오후 3시는 괜찮으신가요?

새로운 시간이 확정되면 수정된 일정 초대장과 회의 안건을 함께 보내드리겠습니다. 또 함께 참석해야 할 다른 분이 있으시면 알려주세요. 회의 이후에는 핵심 결정 사항과 다음 단계를 정리해서 공유드릴 예정입니다.

유연하게 조정해 주셔서 다시 한번 감사드립니다.

Rachel 드림

 **Manner & Tip**

일정 변경·후속 안내 메일 매너 포인트 Top 5

1. Reschedule과 Postpone의 미묘한 차이, 알고 쓰자!

두 단어 모두 '일정 변경'을 뜻하지만 뉘앙스가 다릅니다. reschedule은 '새 날짜를 정해 다시 잡는다'는 의미이고, postpone은 '언제로 미룰지 아직 정하지 않았다'는 뉘앙스를 가집니다.

 일정이 확정되어 있다면 reschedule, 미정이라면 postpone을 사용하세요.

2. Sorry for the change보다 자연스러운 사과 표현은 따로 있다!

직역된 사과문은 때로 과해 보일 수 있습니다. Thanks for your flexibility 또는 Appreciate your understanding on this처럼 thank-you 톤을 활용하면 부드럽고 프로페셔널한 인상을 줍니다.

 불가피한 변경일수록 감사로 마무리하는 것이 신뢰를 지키는 비결입니다.

3. 새 일정 제안은 가능한 '옵션 제시 & 선택권 부여' 조합으로!

새 일정을 하나만 제시하면 일정 충돌로 다시 조율해야 하는 번거로움이 생깁니다. Would Tuesday morning or Wednesday afternoon work for you?처럼 2~3개의 대안을 주면 상대가 선택하는 느낌을 받아 협조도가 올라갑니다.

 하나만 제시하기보다 두 가지를 제안하면 협업이 더 매끄러워집니다.

4. Follow-up 문장은 끝맺음이 아니라 '예고 문장'이다!

I'll follow up soon보다는 I'll send over the updated invite once the time's confirmed, I'll get back to you with the finalized agenda by tomorrow처럼 구체적으로 다음 행동을 알려주는 문장이 신뢰를 줍니다.

 언제와 무엇을 명시하면 리더십 있는 인상을 남길 수 있습니다.

5. 시간 표현은 구체적으로! 모호한 표현은 피해주세요.

일정 변경 안내 메일에서 가장 흔한 실수는 later 또는 sometime next week처럼 모호한 시간 표현을 쓰는 것입니다. 상대는 다시 물어봐야 하고, 일정 조율이 한 번 더 필요해집니다. 가능하다면 구체적인 날짜·시간을 제안하고 명확한 표현을 사용하면 상대의 부담을 크게 줄일 수 있습니다.

 '범위 + 구체 시간' 조합은 조율 속도를 빠르게 만들어줍니다.

매뉴얼 9

끝맺음 인사와 감사 전하기

 핵심 포인트

이메일의 마지막 한 줄은 생각보다 많은 의미를 담고 있습니다. 프로젝트가 끝나도, 보고서가 제출돼도, 회신이 지연돼도 그 모든 상황의 마지막엔 "감사합니다"가 있습니다. 하지만 이 단순한 문장이 때로는 의무감으로 쓰이기도 하고, 때로는 진심이 느껴지지 않아 오히려 거리감을 만들기도 하죠. 끝맺음 인사 단순히 형식이 아니라, 관계를 유지하는 마지막 인상이라는 점을 잊기 쉽습니다.

특히 비즈니스 영어 메일에서는 문장의 어조 하나로 신뢰와 세련됨이 갈립니다. Thank you in advance처럼 미리 감사를 전하는 표현은 효율적으로 보이지만, 때로는 부탁을 강요하는 느낌을 줄 수 있습니다. 반면 Appreciate your time and effort는 상대의 노고를 인정하며 마무리합니다. 이번 매뉴얼 9에서는 상대가 다음에도 기분 좋게 답장하고 싶어지는 마무리법을 배워봅니다.

 핵심 문장 미리보기

이번 매뉴얼 9에서는 메일을 마무리할 때 꼭 필요한 끝맺음 인사와 감사 표현을 다룹니다.

- 감사 인사 읽어주셔서 감사합니다.
- 회신 기대 표현 답변 기다리겠습니다.
- 인사 마무리 좋은 하루 보내세요.

> **핵심 문장 1**　감사 인사
> # 읽어주셔서 감사합니다.

Casual

Thank you for taking the time to read this.
이 글을 읽어주셔서 감사합니다.

Thanks again for your support and time.
다시 한번, 시간과 지원에 감사드립니다.

I really appreciate your quick response on this.
빠르게 답변 주셔서 정말 감사합니다.

Formal

I appreciate your attention to this matter.
이 사안에 관심 가져주셔서 감사드립니다.

Thank you for taking the time to review this proposal.
이 제안서를 검토해 주셔서 감사합니다.

- take the time to V ~하려고 시간을 내다
- attention 주의, 관심

Casual 비즈니스 이메일에서 "읽어주셔서 감사합니다"는 단순한 인사 이상의 의미를 지닙니다. taking the time은 바쁜 와중에 시간을 내줬다는 진심 어린 감사를 전하며, Thanks again은 반복된 협조나 도움에 감사를 전할 때 자연스럽습니다.

Formal appreciate your quick response는 빠른 피드백에 대한 고마움을 전하며, attention to this matter는 사안에 신경 써준 데 대한 감사 표현입니다. review this proposal처럼 구체적 대상을 명시하면 감사의 진정성과 신뢰도가 높아집니다.

핵심 문장 2 〔회신 기대 표현〕
답변 기다리겠습니다.

Casual

Please let me know your thoughts when you get a chance.
시간 되실 때 의견 주시면 감사하겠습니다.

I look forward to hearing from you.
답변 기다리겠습니다.

Hope to hear from you soon.
곧 소식 듣길 바랍니다.

Formal

I'd appreciate it if you could share your thoughts by Friday.
금요일까지 의견 주시면 감사하겠습니다.

I look forward to your feedback so we can move forward smoothly.
원활한 진행을 위해 의견 기다리겠습니다.

- look forward to ~을 기대하다

Casual when you get a chance는 여유 있는 어조로 상대의 부담을 덜어주며, I look forward to hearing from you는 가장 널리 쓰이는 회신 기대 문장입니다. Hope to hear ~은 짧고 친근한 느낌으로, 동료나 익숙한 상대에게 어울립니다.

Formal I'd appreciate it ~ by Friday는 감사의 뉘앙스를 담아 일정 내 회신을 요청하는 정중한 문장이며, I look forward to ~ move forward smoothly는 협업 의도를 분명히 하며, 답변을 통해 프로젝트가 원활히 진행되기를 기대하는 표현입니다.

핵심문장 3 〔인사 마무리〕 좋은 하루 보내세요.

〔Casual〕
Wishing you a great rest of your day.
오늘 하루 잘 마무리하시길 바랍니다.

Take care and talk soon.
건강히 지내시고 곧 다시 뵙겠습니다.

Thanks again for today's productive discussion. Talk soon.
오늘 건설적인 논의 감사드립니다. 곧 다시 뵙겠습니다.

〔Formal〕
Have a wonderful week ahead.
다가오는 한 주도 좋은 일 가득하시길 바랍니다.

Appreciate all your effort on this—enjoy some well-deserved rest!
이번 프로젝트에 힘써주셔서 감사합니다. 푹 쉬시길 바랍니다.

- Wishing you ~ ~을 기원합니다
- well-deserved rest 충분히 쉴 자격이 있는 휴식

〔Casual〕 Wishing you a great rest of your day는 따뜻한 마무리 인사로, 회의 후 메일에 적합합니다. Take care는 친근한 관계에 어울리고, Talk soon은 긍정적으로 대화를 이어가겠다는 뜻입니다.

〔Formal〕 Have a wonderful week ahead는 새로운 한 주를 여는 인사로, well-deserved rest는 노고를 인정하며 격려하는 문장입니다. 짧은 인사 한 줄이지만, 이런 표현들이 이메일을 부드럽고 기억에 남는 커뮤니케이션으로 완성시킵니다.

리얼 비즈니스

아래 상황은 Daniel이 프로젝트 관련 피드백을 받은 뒤 감사 인사를 전하는 메일입니다. 실제 업무에서도 아래 Daniel처럼 감사의 이유와 후속 소통 의지를 함께 담으면, 형식적인 인사 대신 진심이 전해지고 협업 관계가 한층 단단해집니다.

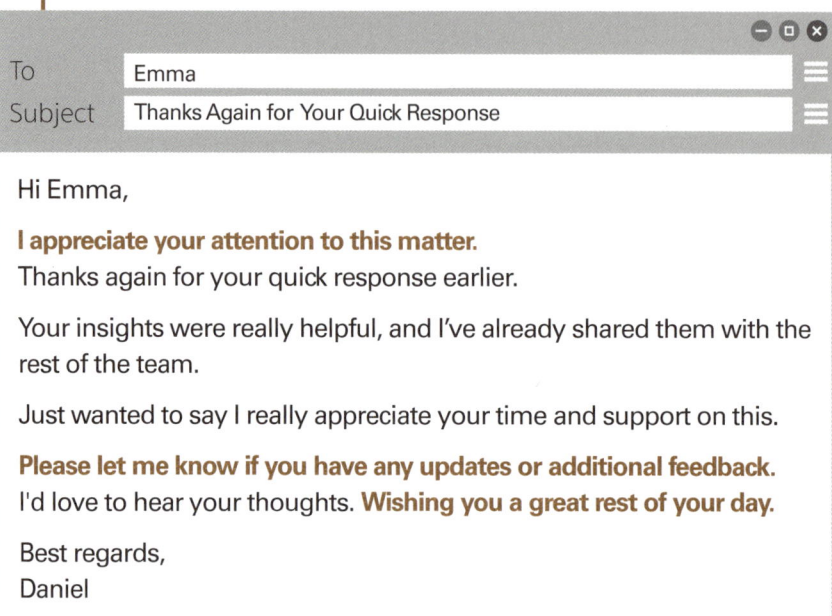

To: Emma
Subject: Thanks Again for Your Quick Response

Hi Emma,

I appreciate your attention to this matter.
Thanks again for your quick response earlier.

Your insights were really helpful, and I've already shared them with the rest of the team.

Just wanted to say I really appreciate your time and support on this.

Please let me know if you have any updates or additional feedback.
I'd love to hear your thoughts. **Wishing you a great rest of your day.**

Best regards,
Daniel

받는 사람: **Emma**
제목: **빠른 회신에 다시 한 번 감사드립니다**

안녕하세요 Emma,

이 사안에 관심 가져주셔서 감사드립니다.
빠르게 답장 주셔서 다시 한 번 감사드립니다.

말씀해 주신 내용이 정말 도움이 되었고, 이미 팀원들과 공유했습니다.

이 일에 시간 내주시고 도와주셔서 진심으로 감사드립니다.

추가 업데이트나 의견 있으시면 언제든 알려주세요. 당신의 생각을 듣고 싶습니다. 오늘 하루 잘 마무리하시길 바랍니다.

Daniel 드림

Expression
이메일을 마무리하는 마지막 한 줄

짧은 문장 하나가 이메일의 인상을 바꿉니다. 본문에서는 할 말을 다 했더라도, 마지막 문장을 어떻게 마무리하느냐에 따라 건조한 메일이 될 수도 있고, 신뢰가 느껴지는 메일이 될 수도 있습니다. 상대의 시간을 배려하고, 다음 단계를 암시하며, 부드럽게 마무리하는 문장은 당신의 전문성과 커뮤니케이션 감각을 동시에 보여주는 마지막 한 줄입니다.

간단히 감사 인사를 전하거나, 추가 소통을 유도하거나, 상대의 응답을 기다릴 때 쓸 수 있는 실용적인 마무리 문장입니다.

감사하며 끝낼 때

Thank you for your time and consideration.
시간 내주셔서 감사합니다.

Thank you for your time and consideration. I'll wait for your feedback.
시간 내주셔서 감사합니다. 피드백 기다리겠습니다.

답장을 기다릴 때

I look forward to hearing from you.
답변 기다리겠습니다.

I look forward to hearing from you soon.
곧 회신 주시길 기대합니다.

자연스럽게 연결할 때

Please don't hesitate to reach out if you have any questions.
문의사항 있으시면 언제든 연락 주세요.

Please don't hesitate to reach out if anything comes up.
추가로 궁금한 점 있으시면 언제든지 연락 주세요.

이메일의 마지막 문장은 단순한 인사로 끝내기보다, 상대가 다음에 무엇을 하면 되는지를 암시해야 합니다. [감사 → 회신 → 연결]의 구조를 활용하면, 메일의 흐름이 자연스럽고 신뢰감 있는 프로페셔널 커뮤니케이션으로 완성됩니다.

매뉴얼 10

답변이 없을 때 다시 메일하기

 핵심 포인트

회사 생활에서 가장 난감한 순간 중 하나는 바로 메일을 보냈는데, 답장이 오지 않을 때입니다. 보낸 지 며칠이 지났지만 아무런 반응이 없고, 혹시 메일이 묻혔나 싶어 재차 확인하고 싶은데, 너무 조급하게 보이면 실례일까 망설여지죠. 특히 상사나 외부 파트너에게는 재촉이 아닌 자연스러운 리마인드가 중요합니다. 상대가 바빠서 메일을 놓쳤을 수도 있고, 단순히 확인이 늦어지는 경우도 있습니다.

이럴 때는 부드럽게 상기시키는 것이 포인트입니다. "혹시 메일 확인하셨나요?"보다, 상대의 상황을 배려하면서도 목적을 분명히 밝히는 follow-up 메일이 효과적입니다. 이번 매뉴얼 10을 익히면, 답변을 기다리는 불편한 시간 대신 주도적으로 커뮤니케이션의 흐름을 리드하는 사람이 될 수 있습니다.

 핵심 문장 미리보기

이번 매뉴얼 10에서는 답변이 오지 않을 때 자연스럽게 다시 메일을 보내는 표현을 다룹니다.

- `후속 연락 안내` 이전 메일에 대해 다시 한번 연락드립니다.
- `리마인드 메일` 혹시 확인하셨을까 해서 연락드립니다.
- `회신 유도` 시간 되실 때 의견 주시면 감사하겠습니다.

핵심문장 1 — 후속 연락 안내
이전 메일에 대해 다시 한번 연락드립니다.

Casual

Just circling back to see if you had a chance to look at this.
이 건을 확인해 보실 기회가 있으셨을까 하여 다시 연락드립니다.

Following up to keep this on your radar.
이 건이 누락되지 않도록 다시 한번 연락드립니다.

Just following up to make sure my previous email reached you.
이전 메일이 잘 전달되었는지 확인차 연락드립니다.

Formal

I wanted to gently remind you about the email I sent earlier.
앞서 드린 메일을 다시 한번 확인 부탁드리고자 합니다.

Hope this finds you well—just circling back on the note I sent last week.
잘 지내고 계시길 바랍니다. 지난주에 보냈던 메일 건과 관련해 다시 한번 연락드립니다.

- circle back 다시 연락하다, 재언급하다
- gently 부드럽게

Casual Just circling back은 이전 메일을 다시 언급하며 자연스럽게 흐름을 이어가며, keep this on your radar는 중요한 사안이 잊히지 않도록 상기시키는 표현입니다. make sure my previous email reached you는 메일 전달 여부를 확인합니다.

Formal gently remind는 상대의 일정이나 상황을 배려하는 정중한 표현으로, 상사나 외부 파트너에게 적합합니다. Hope this finds you well로 시작하면 안부 인사와 함께 후속 연락으로 자연스럽게 이어집니다.

핵심문장 2 [리마인드 메일]
혹시 확인하셨을까 해서 연락드립니다.

[Casual]

Just wanted to make sure this didn't get lost in your inbox.
혹시 메일함에서 놓치지 않으셨는지 확인차 연락드립니다.

Not sure if you've had a chance to review this.
혹시 검토하실 시간이 있으셨을지 몰라 확인차 연락드립니다.

Just wanted to make sure this reached you safely.
메일이 잘 전달되었는지 확인차 연락드립니다.

[Formal]

In case this slipped through, I'm resending it here.
혹시 전달이 누락되었을까 하여 다시 보내드립니다.

Resending this in case it didn't come through the first time.
혹시 처음 메일이 전달되지 않았을까 하여 다시 보내드립니다.

- inbox 받은편지함 • slip through 빠져나가다, 놓치다 • resend 재발송하다

[Casual] Just wanted to make sure ~은 자연스럽게 상황을 상기시키는 표현이며, Not sure if ~는 조심스러운 어조로 리마인드할 때 쓰입니다. reached you safely는 메일이 잘 전달됐는지 확인하는 실무 표현입니다.

[Formal] slipped through와 come through는 각각 "누락되다", "전달되다"의 의미로 공식적인 재전송 메일에서 유용합니다. 답변을 유도할 때는 '기다린다'보다 상대를 돕는 어조로 접근해야 합니다.

> 핵심문장 **3**　회신 유도
> ## 답변 기다리겠습니다.

[Casual]

Looking forward to your response.
답변 기다리겠습니다.

Would appreciate your thoughts when you have a moment.
시간 되실 때 의견 주시면 감사하겠습니다.

Please let me know if you need anything else from my side.
추가로 필요하신 사항이 있으시면 말씀 부탁드립니다.

[Formal]

Whenever it's convenient for you, I'd love to hear your thoughts.
편하실 때 의견 주시면 감사하겠습니다.

I'll keep this open until I hear back from you.
회신 주실 때까지 이 건은 보류해 두겠습니다.

- from my side 제 쪽에서
- keep this open (이 건을) 보류하다

[Casual] Looking forward to your response는 자연스럽고 실무적인 마무리 표현이며, when you have a moment를 덧붙이면 부드러운 어조를 전하고, from my side는 협조적이고 열린 태도를 전달합니다.

[Formal] Whenever it's convenient는 상대의 스케줄을 존중하며 회신 시점을 유연하게 제시하고, keep this open은 진행을 잠시 보류하며 답변이 필요함을 완곡히 암시합니다.

리얼 비즈니스

Christine이 지난주에 보낸 제안서에 대한 답변을 기다리다 보내는 follow-up 메일입니다. 바쁜 상대를 재촉하지 않으면서도, 자연스럽게 이전 내용을 상기시키는 것이 핵심입니다.

To	Alex
Subject	Following Up on the Proposal I Sent Last Week

[…]

Just circling back to see if you had a chance to look at the proposal I sent last week.

I understand you may be busy, so no urgency—just wanted to bring this back to your attention. **In case the original email slipped through, I've re-attached the file here.** If you've already reviewed it and need anything else from my side, I'm happy to assist.

Would appreciate your thoughts when you have a moment.
Thank you again for your time, and I look forward to your response.

Best regards,

Christine

받는 사람   **Alex**
제   목   지난주에 보낸 제안서 관련 후속 확인

[…]

지난주에 보내드린 제안서를 확인해보실 기회가 있으셨을까 하여 다시 연락드립니다.

요즘 많이 바쁘실 걸 알기에 급히 요청 드리는 것은 아니며, 다만 다시 한번 말씀드리고자 합니다. 혹시 처음 보낸 메일을 놓치셨을 수도 있을 것 같아 파일을 다시 첨부드립니다. 이미 검토해 주셨다면, 제 쪽에서 추가로 필요한 부분이 있는지 말씀 부탁드립니다.

시간 되실 때 의견 주시면 감사하겠습니다.
시간 내주셔서 다시 한번 감사드리며, 답변 기다리겠습니다.

감사합니다,

Christine 드림

서양식 Follow-up 메일, 얼마나 '직설적'이면 좋을까?

한국에서는 상대가 답장을 늦게 보내더라도 "바쁘시겠지"라고 생각하며 기다리는 경우가 많습니다. 하지만 서구권에서는 Follow-up 자체가 예의의 한 부분으로 여겨집니다. 메일을 한 번 보내고 아무 말이 없으면, 오히려 이슈가 종료됐다고 판단하는 경우도 흔합니다. 즉, 침묵은 배려가 아니라 방치로 해석될 수 있습니다.

미국 Follow-up 문화 "관심의 표현이 곧 신뢰"

Just circling back to see if you had a chance to review my last email. I completely understand if you're busy—just wanted to make sure this didn't slip through.

지난 메일 검토해보실 기회가 있으셨을까 하여 다시 연락드립니다. 바쁘실 걸 알기에 급한 건 아니며, 혹시 놓치셨을까 싶어 말씀드립니다.

미국에서는 follow up, check in, circle back 같은 표현이 압박이 아닌 관리의 신호입니다. 이는 "당신의 시간을 존중하지만, 이 안건을 놓치지 않게 함께 챙기고 있다"는 의미로 받아들여집니다. 반대로 침묵이 길면 communication management 능력이 부족하다고 평가되기도 합니다.

유럽식 Follow-up 문화 "직설보다 여유 있는 완곡함"

Hope your week's going well! I just wanted to check in regarding the proposal I sent earlier—no rush at all, but I wanted to keep this on your radar.

이번 주 잘 보내고 계시죠? 앞서 보낸 제안서 관련해 간단히 확인차 연락드립니다. 급한 건 아니지만, 혹시 잊히지 않도록 다시 한번 말씀드립니다.

영국이나 유럽권에서는 조금 더 신중하고 완화된 어조를 선호합니다. 직설적인 Did you get my email? 대신 Just wondering if you've had a chance to take a look.처럼 조심스럽게 묻는 문장이 더 자연스럽습니다. 이는 상대의 자율성을 존중하면서 행동의 여지를 남기는 대화 방식입니다.

Follow-up 메일의 핵심은 재촉이 아니라 친절한 리마인드의 톤입니다.

이전 메일을 그대로 복사하기보다, 핵심 문장만 요약해 "이 부분만 확인 부탁드립니다"처럼 간결하게 쓰세요. 짧은 한 줄이라도 공손함과 배려가 담긴 어조가 신뢰를 만듭니다. 답장이 없는 상황에서도 예의를 잃지 않는 태도가 글로벌 비즈니스에서 신뢰를 쌓는 기술입니다.

The Power of Persuasion & Negotiation

당신의 한 문장이 신뢰를 세우고,
그 신뢰가 합의를 이끌어냅니다.
처음 상대를 '이기려' 했던 협상은 늘 실패로 끝났습니다.

그때 깨달았습니다. 설득은 논리가 아니라 이해의 기술이고,
협상은 유연하게 공감의 접점을 찾는 일이라는 것을.
설득과 협상은 결국 '말의 싸움'이 아니라 '관계의 조율'입니다.

From the Field
At the APEC 2025 Ministers Responsible for Trade Meeting

PART 04
설득과 협상 |
Persuasion & Negotiation

시작하기 Opening	매뉴얼 1	협상 첫 만남, 어떻게 분위기를 풀까?
	매뉴얼 2	오늘 협상의 의제와 목적 정리하기
	매뉴얼 3	상대방 의견 어떻게 경청하고 공감하지?
설득하기 Persuading	매뉴얼 4	우리 조건 제안하기
	매뉴얼 5	근거와 데이터로 설득하기
	매뉴얼 6	의견 차이, 부드럽게 조율하려면?
	매뉴얼 7	양보안 제시하고 균형 맞추기
마무리하기 Closing	매뉴얼 8	합의점 도출·최종 확인하기
	매뉴얼 9	후속 조치와 담당자 정리하기
	매뉴얼 10	협상 마무리, 신뢰를 남기려면?

매뉴얼 1

음원 듣기

협상 첫 만남, 어떻게 분위기를 풀까?

핵심 포인트

협상의 첫 만남은 '상대가 나와 협상하기 좋은 사람인지'를 판단하는 시간입니다. 긴장된 공기 속에서 표정·말투·눈빛 하나가 인상을 좌우하죠. 목소리가 조금 높아지거나, 불필요하게 방어적인 태도가 나오기도 합니다. 이때 분위기를 부드럽게 푸는 한마디가 협상의 흐름을 완전히 바꿔놓습니다.

협상은 말의 내용보다 분위기가 먼저 기억됩니다. 긴장을 자연스럽게 풀고 대화를 시작하는 순간, 신뢰의 기반이 만들어집니다. 단순한 small talk가 아니라, 상대의 긴장을 풀면서 협력적 분위기를 만드는 전략적 대화 기술을 익히게 됩니다. 아래 표현들을 활용해 냉랭했던 협상 테이블을 '대화의 장'으로 바꾸고, 처음 만난 상대와도 빠르게 연결되는 첫인상의 힘을 만들어보세요.

핵심 문장 미리보기

이번 매뉴얼 1에서는 첫 협상 자리에서 라포를 형성하고 신뢰를 심는 표현을 다룹니다.

- `라포 형성` 긴장 푸시고 편하게 이야기 나눠요.
- `대화 시작` 먼저 간단히 자기소개부터 할까요?
- `신뢰 구축` 공통점을 찾아보면 좋겠네요.

핵심 문장 1 — 라포 형성
긴장 푸시고 편하게 이야기 나눠요.

[Casual]

Let's keep things casual and open.
격식 내려놓고 편하게 이야기 나눠요.

No need to be too formal—let's just have a friendly chat.
너무 격식 차릴 필요 없어요. 편하게 얘기 나누면 좋겠습니다.

Let's have an open and honest conversation.
솔직하고 열린 대화 나눠요.

[Formal]

I really appreciate honesty, so please feel free to share your thoughts.
솔직하게 말씀해 주시면 감사하겠습니다. 자유롭게 의견 주셔도 좋아요.

I hope we can have a transparent and productive discussion today.
오늘은 솔직하고 건설적인 대화를 나눴으면 좋겠습니다.

- casual 격식 없는, 편안한
- friendly chat 가벼운 대화
- open 열린, 솔직한
- honest 솔직한

[Casual] Let's keep things casual and open은 진솔한 대화를 원한다는 신호로 관계의 벽을 낮추고, No need to be too formal ~은 부담을 줄이며 탐색 단계로 부드럽게 이끕니다. Let's have an open ~은 협상의 출발점을 여는 제안입니다.

[Formal] I really appreciate honesty는 진솔한 의견 표현을 유도하며 공식 미팅에 적합합니다. I hope we can have a transparent and productive discussion은 열린 태도와 실질적 성과를 함께 담은 협상 개시 멘트로 이상적입니다.

핵심 문장 2
[대화 시작]
먼저 간단히 자기소개부터 할까요?

[Casual]

Why don't we start by introducing ourselves?
먼저 간단히 자기소개부터 해볼까요?

Let's take a minute to get to know each other.
잠깐 서로를 알아가는 시간부터 가져보죠.

Before we dive in, how about a quick round of introductions?
본격적으로 들어가기 전에, 간단히 소개부터 하면 어떨까요?

[Formal]

Why don't we start with our names and roles on this project?
이번 프로젝트에서 맡은 역할과 함께 간단히 소개해 볼까요?

Maybe share a bit about what brought you to this collaboration?
이번 협업에 함께하게 된 계기도 간단히 나눠보면 좋겠네요.

- get to know 서로 알아가다
- round of ~ 일련의

[Casual] Why don't we ~?은 부드러운 제안이며, 자연스럽게 긴장을 완화합니다. Let's take a minute ~는 좀 더 친근한 분위기를 만들 때 적합하고, Before we dive in은 협상이 본격적으로 시작되기 전 분위기를 환기시키는 데 유용합니다.

[Formal] names and roles는 신뢰감 있는 자기소개를 유도하며, what brought you to ~는 협업의 배경을 자연스럽게 연결해 줍니다. 이런 표현들은 모두 협력적이고 열린 태도를 보여주는 시작의 신호로, 협상 테이블을 한결 가깝게 만듭니다.

핵심문장 3 〔신뢰 구축〕 공통점을 찾아보면 좋겠네요.

Casual

Maybe we can start with some common ground.
공통점이 있으면 그 부분부터 얘기 나누면 좋을 것 같아요.

I noticed we both worked in similar industries.
서로 비슷한 업계에서 일한 경험이 있네요.

I think we share similar goals here.
이번 자리에서 우리 목표가 비슷한 것 같아요.

Formal

It seems we both value long-term partnerships rather than one-time deals.
우리 둘 다 단기 거래보다 장기적인 파트너십을 더 중요하게 생각하는 것 같네요.

We've both worked with startups before, so I'm sure we understand similar challenges.
서로 스타트업과 일해본 경험이 있으니, 비슷한 어려움을 잘 이해할 것 같아요.

- common ground 공통 기반, 공통점
- industry 업계, 분야

Casual common ground는 단순한 관심사가 아닌 합의의 출발점을 뜻합니다. worked in similar industries는 경험을 기반으로 신뢰를 쌓고, share similar goals는 협력의 방향을 맞춰 긍정적 분위기를 만듭니다.

Formal value long-term partnerships는 관계 지속 가능성을 강조하는 표현으로 신뢰 중심의 협상에 적합하며, understand similar challenges처럼 경험을 공유하면 공감이 생기고 관계가 단단해집니다.

리얼 비즈니스

이 상황은 Ava와 David가 신제품 출시를 앞두고 가격 구조와 납품 일정을 조율하기 위해 모였고, 공통점을 찾아가는 협상입니다.

Sophie Hi Alex, it's great to meet you in person. **Let's keep things casual and open today.**
안녕하세요, Alex. 직접 만나 뵙게 되어 반가워요.
오늘은 격식 내려놓고 편하게 이야기 나눠요.

Alex Absolutely. No need to be too formal—let's just have a friendly chat.
네, 맞습니다. 너무 격식 차릴 필요 없죠. 편하게 말씀 나누면 좋겠습니다.

Sophie Great. **Why don't we start by introducing ourselves?** I'll go first. I lead the product team at BrightTech.
좋아요. 그럼 간단히 자기소개부터 해볼까요? 제가 먼저 할게요.
BrightTech에서 제품팀을 이끌고 있어요.

Alex Nice. I'm with Great Marketing, heading our partnerships team. Looks like we've both been working closely with tech startups.
아, 그렇군요. 저는 Great Marketing에서 파트너십팀을 맡고 있습니다.
보니까 저희 둘 다 스타트업과 자주 협업하네요

Sophie **Exactly! I think we already have some common ground there.** Hopefully, that'll help us move things forward smoothly.
맞아요! 벌써 공통점이 하나 있네요. 그게 협상을 순조롭게 이끄는 데 도움이 되면 좋겠어요.

I'm looking forward to a productive discussion today.
오늘 유익하고 의미 있는 대화가 될 기대합니다.

 **Expression**
협상 전 분위기를 여는 스몰토크 전략

1. 진심 어린 관심 한마디가 시작을 바꾼다

일반적인 날씨 얘기보다 '맥락 있는 공감'이 훨씬 효과적입니다.

I heard your team just wrapped up the launch project—congrats on that!
최근 론칭 프로젝트 끝내셨다고 들었어요. 축하드립니다!

I've been following your company's new campaign—really impressive work.
귀사 새 캠페인 봤습니다. 정말 인상적이더군요.

2. 자기소개 뒤, '딱 한 줄의 개인 오프닝'이 온기를 만든다

비즈니스 관계와 톤은 유지하지만 사람 대 사람으로 만난다는 따뜻한 느낌을 주세요.

It's been such a busy quarter—I'm sure it's the same for you.
이번 분기 정말 정신없었죠. 아마 귀하도 그러셨을 것 같아요.

I finally get to put faces to the names I've been emailing with.
이메일로만 뵙던 분들을 드디어 직접 보게 되네요.

3. 칭찬은 개인보다 팀이나 성과 중심으로 합니다.

칭찬은 구체적으로 하는 게 성의 있어 보입니다. 어떤 칭찬이건 맥락이 있는 전문성을 존중하는 형태로 해보세요.

Your team's work on the rebranding looks great.
귀하의 팀이 진행한 리브랜딩 작업이 정말 훌륭하네요.

I was impressed by how your team handled the logistics issue last month.
지난달 물류 문제를 해결하신 방식이 인상 깊었습니다.

매뉴얼 2

오늘 협상의 의제와 목적 정리하기

 핵심 포인트

협상의 분위기가 풀렸다면, 이제 대화를 체계적으로 정리할 차례입니다. 협상 테이블에 앉으면 많은 사람들이 가장 먼저 하는 실수가 있습니다. 바로 본론으로 곧장 들어가는 것입니다. 겉보기엔 시간을 아끼는 것 같지만, 상대의 기대나 목표를 확인하지 않은 채 대화를 시작하면 곧 엇갈리기 마련이죠. 상대의 기대치와 관점을 확인하지 않은 채 바로 본론으로 들어가면, 대화의 초점이 쉽게 흐트러집니다.

초반에는 의제와 목적을 명확히 정리하는 단계가 필수입니다. 오늘 논의의 핵심이 무엇이고, 어디까지가 협상의 범위인지를 함께 맞춰두면 오해를 줄이고 초점을 유지할 수 있습니다. 이번 매뉴얼을 잘 활용하면 감정이 아닌 논리의 토대 위에서 협상이 진행되어, 회의의 생산성과 설득력이 확실히 높아집니다.

 핵심 문장 미리보기

이번 매뉴얼 2에서는 협상 초반에 논의의 방향과 목적을 정리하는 표현을 다룹니다.

- `의제 정리` 오늘 논의할 주제는 다음과 같습니다.
- `목표 명확화` 오늘 협상의 목적은 명확합니다.
- `균형 조율` 서로의 입장을 듣고 균형점을 찾는 게 중요합니다.

핵심 문장 1 — 의제 정리
오늘 논의할 주제는 다음과 같습니다.

[Casual]

Let's start by outlining today's agenda.
오늘의 논의 의제를 먼저 정리해 보겠습니다

What we'll discuss today includes the following.
오늘 논의할 내용은 다음과 같습니다.

Here's what's on the table for today's discussion.
오늘 협상 테이블에 올라온 주제는 다음과 같습니다.

[Formal]

Let me walk you through today's agenda.
오늘 논의할 주요 항목들을 안내드리겠습니다.

Just to make sure we're aligned, here's what we'll focus on today.
우리가 같은 방향을 보고 있는지 확인차, 오늘의 핵심 논의 주제를 정리하겠습니다.

- on the table 안건으로 제시되어 있는

[Casual] Let's start by outlining ~은 회의나 협상을 체계적으로 여는 표현으로, 논의의 틀을 제시합니다. the following 다음에 구체적 안건을 나열하면 주제를 명확히 할 수 있고, on the table은 '논의 중인 사안'을 뜻하는 협상 실무 표현입니다.

[Formal] Let me walk you through today's agenda는 진행자나 발표자가 순서대로 내용을 설명할 때, make sure we're aligned는 입장 정렬과 관점 통일을 확인할 때 유용합니다.

핵심문장 2 — 목표 명확화
오늘 협상의 목적은 명확합니다.

[Casual]

The goal of today's negotiation is clear.
오늘 협상의 목표는 분명합니다.

Our main objective today is to find common ground.
오늘 우리의 주요 목표는 공통점을 찾는 것입니다.

We're here to align on the next steps in this process.
이 과정에서의 다음 단계를 조율하기 위해 모였습니다.

[Formal]

Our shared goal today is to build a fair and sustainable agreement.
오늘 우리의 공동 목표는 공정하고 지속 가능한 합의를 만드는 것입니다.

Before we move forward, I'd like to make sure we're aligned on what success looks like for both sides.
진행하기 전에, 양측 모두가 생각하는 성공의 기준이 일치하는지 확인하고 싶습니다.

- negotiation 협상, 교섭
- align 의견을 맞추다, 조율하다
- objective 목표, 목적
- sustainable 지속 가능한

[Casual] The goal of today's negotiation은 협상의 초점을 잡고, 모두에게 같은 목표를 상기시킵니다. Our main objective today is ~는 협력적인 분위기를 조성하며, align on은 대화의 목적이 '의사결정'보다 '조율'에 있습니다.

[Formal] shared goal은 상호 신뢰를 전제로 한 공동의 목표를 강조하고, fair and sustainable agreement는 공정하고 지속 가능한 합의를 지향합니다. aligned on what success looks like은 양측의 성공 기준을 맞추며 협상 방향을 명확히 합니다.

핵심문장 3 · 균형 조율
서로의 입장을 듣고 균형점을 찾는 게 중요합니다.

[Casual]

It's important that we hear each other out and find a balanced solution.
서로의 입장을 충분히 듣고 균형 잡힌 해결책을 찾는 것이 중요합니다.

Let's make sure both perspectives are considered fairly.
양측의 관점이 공정하게 고려되도록 합시다.

I understand where you're coming from. Let's see if we can find some middle ground.
어떤 관점에서 말씀하시는지 이해했습니다. 서로 만족할 만한 중간 지점을 찾아볼까요?

[Formal]

The aim is to reach a win-win outcome that works for both sides.
양측 모두에게 이득이 되는 윈윈 결과를 만드는 것이 목표입니다.

That's a fair point. Maybe we can adjust the terms slightly to make it work for both.
그건 일리 있는 말씀입니다. 양측에 맞게 조건을 조금 조정해볼 수도 있겠네요.

- hear ~ out 끝까지 듣다, 경청하다
- win-win 상호 이익의

[Casual] hear each other out은 감정이 오가기 쉬운 상황에서 경청과 존중을 전하는 표현입니다. both perspectives는 의견을 공정하게 반영할 때 쓰며, middle ground는 서로가 만족할 절충점을 뜻합니다.

[Formal] win-win outcome은 협상의 이상적 결론을, fair point와 adjust the terms는 공정한 태도로 조건을 조정할 때 유용합니다. 의견이 엇갈릴 때는 반박보다 경청의 신호를 먼저 주는 한마디가 협상의 균형을 만듭니다.

리얼 비즈니스

아래 상황은 신제품 출시를 앞둔 Ava와 David는 가격 구조와 납품 일정을 조율하기 위해 협상 테이블에 앉았습니다. 의제와 목표를 분명히 하며, 균형점을 찾아가고 있습니다.

Ava   Let's start by outlining today's agenda. We'll be going over the pricing model and delivery timeline.
오늘 논의할 의제를 먼저 정리해 보겠습니다. 가격 구조, 제품 공급 일정에 대해 다룰 예정입니다.

David   Sounds good. Just to clarify, the goal of today's negotiation is to finalize the terms before launch, right?
좋습니다. 확인 차원에서 여쭙겠습니다. 오늘 협상의 목적은 출시 전에 조건을 확정하는 걸까요?

Ava   Exactly. Our main objective today is to find common ground, especially on how the profit margin will be split.
맞습니다. 오늘의 핵심 목표는 공통점을 찾는 것이고, 특히 수익을 어떻게 나눌지에 대해 조율하는 겁니다.

David   Understood. I think we should hear each other out and find a balanced solution. I'm open to flexible terms.
알겠습니다. 서로의 의견을 충분히 듣고 균형 있는 해결책을 찾아야 한다고 생각합니다. 조건은 유연하게 조율할 수 있습니다.

Ava   Great. Let's make sure both perspectives are considered fairly so we can reach a win-win outcome.
좋네요. 양측의 관점이 공정하게 반영되도록 해서, 서로에게 이득이 되는 결과를 만들어가면 좋겠습니다.

Shall we dive into the first item on the agenda, the pricing model?
그럼 첫 번째 안건인 가격 구조부터 논의해볼까요?

 **Expression**
자주 쓰는 협상·의제 설정 표현

협상 초반부는 분위기를 주도할 수 있는 정돈된 언어가 필요합니다. 오늘 논의의 목적을 분명히 하는 사람은 논리적으로 준비된 사람으로 보입니다. 상황에 맞춰 아래의 표현을 유연하게 써보세요.

안건 제시 및 논의 범위 명시

▶ 목표를 정렬하고 논의의 방향을 맞출 때

Let's align on today's key objectives.
오늘 협상의 핵심 목표를 일치시키겠습니다.

▶ 논의 범위를 한정하며 집중하고자 할 때

We'd like to narrow down our discussion to~
논의를 ~로 좁히고 싶습니다.

▶ 회의 초반에 핵심 초점을 명확히 할 때

Our main focus today will be on ~
오늘 논의의 중심은 다음과 같습니다.

협상 목적 명확화

▶ 공감대를 형성하며 협상의 방향을 정할 때

The goal is to reach a mutual understanding.
협상의 목적은 서로의 이해를 맞추는 데 있습니다.

▶ 실용적인 타협점을 찾고자 할 때

Our aim is to find a workable middle ground.
현실적인 절충점을 찾는 것이 우리의 목표입니다.

▶ 양측의 기대치를 조율하고자 할 때

We're hoping to align expectations on both sides.
서로의 기대치를 맞추기를 기대합니다.

매뉴얼 3

음원 듣기

상대방 의견, 어떻게 경청하고 공감하지?

 핵심 포인트

협상 자리에서 많은 사람들이 빠지는 함정은 '듣는 척'입니다. 상대가 말을 끝내기도 전에 반박을 준비하거나, 자신이 하고 싶은 말에만 집중하는 경우가 많죠. 하지만 협상은 설득의 싸움이 아니라 신뢰의 교환입니다. 상대가 '내 이야기를 진심으로 듣고 있다'고 느껴야 마음을 열고, 그때 비로소 논리와 제안이 통하기 시작합니다. 말 한마디보다, 고개 끄덕임·짧은 반응·적절한 질문이 협상의 흐름을 바꾸는 순간이 많습니다.

이번 매뉴얼에서는 단순히 '듣는' 단계를 넘어, 상대의 감정과 입장을 인정하고 반영하는 표현들을 다룹니다. 짧은 공감의 한마디가 협상을 부드럽게 만들고, 방어적인 분위기를 대화의 장으로 바꿉니다. 상대의 말을 존중하면서도 대화를 균형 있게 이어가는 데 꼭 필요한 표현들입니다. 이는 협상은 경쟁이 아니라 협력의 과정이 되고, 결과적으로 더 유연한 합의로 이어질 것입니다.

 핵심 문장 미리보기

이번 매뉴얼 3에서는 협상 중 상대의 의견을 경청하고 공감한 뒤, 자신의 입장을 자연스럽게 제시하는 표현을 다룹니다.

- `이해 표현` 말씀하신 요지를 잘 이해했습니다.
- `공감 전달` 그 입장도 충분히 이해됩니다.
- `의견 제시` 제가 말씀드리고 싶은 건 이렇습니다.

핵심문장 1 〔이해 표현〕 말씀하신 요지를 잘 이해했습니다.

[Casual]

Your key message came through clearly.
말씀하신 핵심, 충분히 전달됐습니다.

I'm on the same page with how you framed that.
말씀하신 부분, 저도 같은 맥락으로 이해했습니다.

That's a good point. Let me note that down before we move on.
좋은 포인트네요. 넘어가기 전에 메모해 두겠습니다.

[Formal]

That's a sharp insight—you've articulated it well.
그 부분, 정말 잘 짚어주셨어요.

I appreciate the clarity—that really helps me see your perspective.
명확하게 설명해 주셔서 감사합니다. 덕분에 입장을 잘 이해했습니다.

- come through 전달되다, 드러나다
- frame 구조화하여 제시하다
- articulate (생각을) 분명하게 말하다, 명확히 표현하다

[Casual] Your key message came through clearly는 말씀이 명확히 전달됐다는 대표적인 수용 표현이고, Let me note that down은 기억해두겠다는 의미로 실질적 경청을 보여줍니다.

[Formal] That's a sharp insight ~은 분석력과 표현력을 높이 평가하는 격식 있는 칭찬입니다. I appreciate the clarity는 상대의 관점을 존중하며 이해를 마무리하는 표현으로, '당신의 의견을 가치 있게 듣고 있다'는 메시지를 전합니다.

핵심 문장 2 — 공감 전달
그 입장도 충분히 이해됩니다.

[Casual]

That perspective makes complete sense.
그 입장, 충분히 납득이 갑니다.

I can absolutely see where you're coming from.
그렇게 느끼실 수 있는 부분 이해합니다.

Your concern is totally valid.
그 우려는 충분히 타당하다고 생각합니다.

[Formal]

I completely understand your concern. At the same time, let's look at it from another angle.
그 우려 충분히 이해합니다. 동시에, 다른 관점에서도 한번 살펴보면 좋을 것 같아요.

That's a fair point. Maybe we can explore how to minimize that risk.
일리 있는 말씀입니다. 그 위험을 줄일 방법을 함께 고민해 보면 어떨까요?

- valid 타당한, 정당한
- minimize 최소화하다

[Casual] makes complete sense는 상대의 입장을 완전히 이해한다는 공감이며, see where you're coming from은 감정과 배경까지 고려한 이해를 나타냅니다. Your concern is totally valid는 상대의 우려가 타당함을 인정할 때 사용됩니다.

[Formal] understand your concern은 공감과 신뢰를 전달하는 기본 표현이며, from another angle은 대안을 함께 모색하자는 협력적 어조를 만듭니다. minimize that risk는 문제를 구체적으로 해결하려는 실무 중심의 접근을 보여줍니다.

핵심문장 3 · 의견 제시
제가 말씀드리고 싶은 건 이렇습니다.

[Casual]

If I may build on that, here's my take.
제 생각을 덧붙이자면 이렇습니다.

Just to add a quick thought on top of that...
하나만 덧붙이자면요...

From where I stand, I'd frame it this way.
제 입장에서 설명을 드리자면 이렇습니다.

[Formal]

That's a great point. If I could add one thing, I'd suggest we consider the timeline as well.
좋은 포인트네요. 한 가지만 덧붙이자면, 일정 부분도 함께 고려해 보면 좋겠습니다.

I agree with that direction. From my side, I'd like to emphasize the budget aspect.
그 방향성에 동의합니다. 제 입장에서는 예산 측면을 조금 더 강조하고 싶습니다.

- build on ~을 바탕으로 발전시키다
- on top of 덧붙여
- take 의견, 견해
- emphasize 강조하다

[Casual] If I may build on ~은 상대의 의견을 인정하며 자신의 시각을 자연스럽게 덧붙일 때 씁니다. a quick thought on top of that은 더 캐주얼하게 화제를 잇는 표현이고, From where I stand는 자신의 입장을 논리적으로 제시할 때 유용합니다.

[Formal] add one thing과 consider the timeline은 구체적 요소를 함께 검토하자는 제안입니다. agree with that direction과 emphasize the budget aspect는 같은 방향 속에서 초점을 조정할 때 적합하며, 부드러운 연결로 협상의 품격을 높입니다.

리얼 비즈니스

이 상황은 Sophia와 David가 제품 원가와 생산 전략을 논의하는 협상 미팅에서 벌어집니다. 서로의 의견을 주고받으며 경청하고, 공감하며, 자신만의 제안을 자연스럽게 덧붙이는 과정이 잘 드러나 있습니다.

Sophia Thanks for walking me through the numbers. **Your key message came through clearly.**
수치 설명해 주셔서 감사합니다. 말씀하신 핵심이 분명히 전달됐어요.

David I get that the production costs are higher than expected. **That perspective makes complete sense.**
예상보다 제작비가 높다는 점, 충분히 납득이 갑니다.

Sophia And I can absolutely see where you're coming from, especially with those material upgrades.
특히 자재 업그레이드 부분에 대해서는, 왜 그렇게 말씀하시는지 잘 알겠습니다.

David If I may build on that, here's my take—maybe we limit the premium line to a smaller batch first.
거기에 제 의견을 덧붙이자면, 우선 고급 라인은 소량만 먼저 제작해 보는 건 어떨까요?

Sophia That's a sharp insight—you've articulated it well.
정말 좋은 아이디어네요. 아주 명확하게 설명해 주셨어요.

David I think we're on the same page now. Let's move forward with that direction.
이제 의견이 잘 맞은 것 같네요. 그 방향으로 진행해 보겠습니다.

 **Manner & Tip**

적극적 리스닝, 경청 태도

협상에서 가장 설득력 있는 사람은 말을 많이 하는 사람이 아니라, 상대가 이해받고 있다고 느끼게 만드는 사람입니다. 적극적 리스닝은 단순히 고개를 끄덕이는 게 아니라, 상대의 의도, 감정, 그리고 맥락까지 읽어내는 전략적인 대화 기술입니다.

1. '듣고 있다'보다 '이해하고 있다'를 보여줘라

리스닝은 단순한 반응이 아니라, 상대의 핵심어를 되돌려주는 행위입니다. 이 작은 차이가 "나를 이해하고 있다"는 신뢰를 만듭니다.

 상대의 말을 그대로 반복하거나, 핵심 단어를 되짚어주는 한마디가 신뢰를 만듭니다.

2. 반박 전에 '받아들이는 제스처'를 한 번 더!

논쟁보다 존중이 먼저입니다. 받아들임을 표현한 뒤 의견을 제시하면, 같은 주장도 훨씬 부드럽게 전달됩니다.

 That's an interesting perspective로 시작하세요. 상대의 의견을 수용하는 신호가 됩니다.

3. 비언어적 리스닝 매너도 언어처럼 작용한다

침묵, 눈맞춤, 짧은 피드백은 말보다 강력한 메시지를 줍니다. 경청의 태도는 소리보다 대화의 흐름을 타야 자연스럽습니다.

 핵심 포인트에서만 시선을 유지하고, 상대가 생각 중일 땐 조용히 기다리세요.

4. 공감 표현은 '감정'보다 '맥락'에 초점

진짜 공감은 감정을 나누는 것이 아니라, 상대의 상황과 논리를 이해하는 태도에서 시작됩니다. 상대의 맥락을 인정하는 순간, 설득은 이미 반쯤 완성됩니다.

 That must've been challenging처럼 감정이 아닌 상황 공감형 문장을 사용하세요.

5. 핵심을 되짚어주는 '리스닝 서머리'

한 문장으로 상대의 말을 정리해주는 순간, 대화의 균형이 생깁니다. 요약은 대화의 마침표가 아니라 신뢰의 느낌표입니다.

 So just to recap, you're suggesting ~?처럼 요약·확인형 문장으로 마무리하세요.

매뉴얼 4

우리 조건 제안하기

 핵심 포인트

상대의 입장을 충분히 이해하고 공감했다면, 이제 우리의 제안을 구체적으로 제시할 차례입니다. 협상의 본질은 무엇을 요구하느냐보다, 어떻게 제안하느냐에 있습니다. 이 단계에서 어려움을 느끼는 이유는, 제시하는 방식이 결과를 좌우하기 때문입니다. 너무 직설적으로 말하면 강압적으로 보이고, 돌려 말하면 의도가 흐려집니다. 따라서 상대의 입장을 고려하면서도 우리의 기준을 분명히 세우는 균형 잡힌 제안이 필요합니다.

이번 매뉴얼에서는 현명한 조건 제시의 기술을 다룹니다. 요구사항을 일방적으로 나열하기보다, 상대의 관점과 제안의 근거를 함께 제시하는 것이 설득의 포인트입니다. 협상에서 유연하면서도 명확하게 제안하는 데 도움이 되는 표현입니다 제안의 목적을 명확히 밝히고, 근거를 함께 제시하며 선택지를 열어두는 방식이 협상의 주도권을 자연스럽게 가져옵니다. 특정 조건이 양측 모두에게 이익이 될 수 있다는 인상을 주는 것이 핵심입니다.

 핵심 문장 미리보기

이번 매뉴얼 4에서는 협상의 결정적 순간, 우리의 조건을 제안할 때 필요한 핵심 표현을 다룹니다.

- `제안 제시` 이런 방식은 어떨까요?
- `조건 제시` 우리 쪽 제안은 이렇습니다.
- `설득 근거` 이 조건이 괜찮은 이유는요...

핵심문장 1

> 제안 제시
이런 방식은 어떨까요?

Casual

How about adjusting the quantity a little to match both sides?
양쪽 상황에 맞게 수량을 조금 조정해 보는 건 어떨까요?

Would splitting the payment into two parts work for you?
결제를 두 번 나눠서 진행하는 건 괜찮으실까요?

We could also start with a short-term agreement first.
우선 단기 계약으로 시작해볼 수도 있습니다.

Formal

We can either go with a six-month contract or start with a three-month trial period.
6개월 계약으로 바로 진행하거나, 3개월 시범 운영부터 시작할 수도 있습니다.

If that sounds too tight, we could adjust the delivery timeline by two weeks.
그 일정이 너무 빠르다면 납품 일정을 2주 정도 조정할 수도 있습니다.

- splitting 나누기, 분할
- short-term 단기적인
- trial period 시범 운영

Casual How about ~은 제안을 부드럽게 전달하며 협상의 주도권을 자연스럽게 잡는 표현입니다. splitting the payment은 유연한 조건 조정을 보여주고, short-term agreement는 부담 없이 협력을 시작하는 단계적 접근을 나타냅니다.

Formal We can either go with ~은 '결정은 상대에게'라는 균형 잡힌 제안 방식이고, If that sounds too tight ~은 일정이나 조건 협의 시 상대의 부담을 완화합니다.

핵심 문장 2 — 조건 제시
우리 쪽 제안은 이렇습니다.

[Casual]

We'd like to suggest a plan that works well for both of us.
서로에게 잘 맞는 계획을 제안드립니다.

Our proposal is based on what we've discussed so far.
지금까지 논의한 내용을 바탕으로 제안드립니다.

Here's a starting point we think is fair for both sides.
양측 모두에게 합리적인 출발점이라고 생각되는 조건입니다.

[Formal]

Our proposal is based on the recent market data we shared earlier.
이번 제안은 앞서 공유드린 최근 시장 데이터를 기반으로 한 것입니다.

We believe this approach creates flexibility for both teams.
이 접근 방식이 양측 팀 모두에게 유연성을 줄 수 있다고 생각합니다.

- starting point 출발점, 기준선
- flexibility 유연성

[Casual] We'd like to suggest ~는 상호 이익을 고려한 균형 잡힌 제안을 전할 때 적합합니다. Our proposal is based on ~은 논의된 내용을 근거로 신뢰를 높이고, Here's a starting point ~는 공정함을 강조해 협상의 출발점을 열어줍니다.

[Formal] Our proposal is based on ~은 객관적 데이터를 근거로 제안의 신뢰도를 높이는 문장입니다. We believe this approach creates flexibility ~는 상호 윈윈 구조임을 강조하며 긍정적 확신을 전하는 마무리 표현입니다.

> 핵심 문장 3 ｜설득 근거｜
이 조건이 괜찮은 이유는요...

Casual

This way, we can reduce the risk at the beginning.
이렇게 하면 초기 위험을 줄일 수 있습니다.

It gives us some time to test things before going bigger.
더 크게 진행하기 전에 시범 운영해볼 수 있는 시간을 줍니다.

It also helps us check the progress more clearly.
진행 상황을 좀 더 명확하게 확인할 수 있게 도와줍니다.

Formal

By starting small, we can minimize the upfront cost and build confidence along the way.
작게 시작하면 초기 비용을 줄이고 진행 중에 신뢰를 쌓을 수 있습니다.

This approach lets us adjust quickly if something doesn't go as planned.
이 방식이라면 계획대로 되지 않더라도 빠르게 조정할 수 있습니다.

- test 시험하다, 시도해 보다
- upfront cost 초기 비용

Casual) This way, we can reduce ~는 초기 위험을 줄일 수 있다는 명확한 근거를 제시합니다. It gives us some time to test ~는 시범 운영의 합리성을 보여주며, It also helps us check ~는 진행 상황을 투명하게 관리함으로써 신뢰를 강화합니다.

Formal) By starting small, we can minimize ~는 재정적 실익과 신뢰 구축의 두 논리를 동시에 제시합니다. This approach lets us adjust quickly ~는 변화 대응력을 강조하며 제안의 안정성을 뒷받침합니다.

리얼 비즈니스

이 상황은 Stephano와 Christopher가 계약 조건을 조율하는 협상 미팅을 진행하는 장면입니다. 서로의 입장을 존중하면서, 수량·결제 방식·계약 기간 등을 유연하게 제안하고 조정하는 과정이 자연스럽게 드러납니다.

Stephano   **We've reviewed the initial terms, and we'd like to suggest a plan that works well for both of us.**
초기 조건들을 검토해봤는데, 양측 모두에게 잘 맞는 제안을 하나 드리고자 합니다.

How about adjusting the quantity a little to match both sides more realistically?
양측 입장에 맞게 수량을 조금만 조정해 보는 건 어떨까요?

Christopher   **That makes sense. Would splitting the payment into two parts help balance the cash flow on your side?**
그건 타당하네요. 대금을 두 차례로 나누어 지급하면 귀사의 자금 운영에 도움이 될까요?

Stephano   **Exactly. It also gives us time to test things before we scale up.**
맞아요. 또, 본격적으로 확대하기 전에 시범 운영할 시간도 생기죠.

Christopher   **Sounds reasonable. Let's draft a short-term agreement first and see how it goes.**
합리적으로 들리네요. 우선 단기 계약서부터 작성하고 진행해 보죠.

Stephano   **Perfect. I'll send over a revised version by tomorrow.**
좋아요. 내일까지 수정안 보내드릴게요.

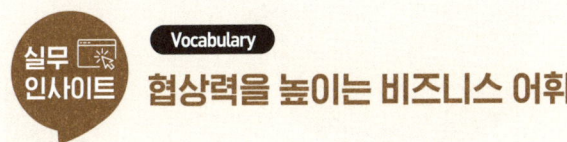

협상력을 높이는 비즈니스 어휘

협상 테이블 위에서는 단어 하나에도 무게가 실립니다. 아래 표현들은 단순한 어휘가 아니라, 협상의 뉘앙스를 정교하게 다듬어주는 길잡이 역할을 합니다.

1. tentpole issue 핵심 이슈, 전체 논의를 지탱하는 주제

Pricing seems to be the tentpole issue for both teams.
가격이 양측 모두에게 핵심 쟁점이 되는 것 같습니다.

2. working assumption 임시 전제, 논의의 가정 기반

Let's proceed with this as our working assumption for now.
우선은 이걸 전제로 논의를 진행하죠.

3. move the needle 실질적 변화를 만들다, 성과를 내다

This adjustment could really move the needle for our partnership.
이 조정이 파트너십에 실질적인 변화를 가져올 수 있을 겁니다.

4. non-starter 논의할 가치가 없는 안건

Cutting the budget by half would be a non-starter for us.
예산을 절반으로 줄이는 건 저희 입장에선 논의 불가 사항입니다.

5. table the discussion 논의를 잠시 미루다

We might need to table this discussion until next week.
이 논의는 다음 주로 미뤄야 할 것 같습니다.

6. leverage point 협상 지렛대, 유리한 요소

Their distribution network is our key leverage point in this deal.
이번 협상에서 그들의 유통망이 우리의 핵심 지렛대입니다.

매뉴얼 5

근거와 데이터로 설득하기

 핵심 포인트

이제 제안의 설득력을 높이려면, 감정이 아닌 '근거'로 말해야 합니다. 협상에서 직감만으로 상대를 설득하려 한다면 대화는 쉽게 무너집니다. 반면, 근거를 기반으로 한 설득은 신뢰를 쌓는 가장 강력한 방법입니다. 많은 직장인들이 근거를 제시할 때 단순히 수치를 나열하거나 슬라이드를 보여주는 데 그칩니다. 하지만 중요한 것은 숫자 자체가 아니라, 그 숫자가 '무엇을 의미하는지' 상대에게 연결해 주는 설명력입니다.

이번 매뉴얼 5에서는 데이터를 활용해 설득력을 높이는 실전 기술을 다룹니다. 근거는 나의 제안을 정당화하고 논리를 강화하는 핵심 도구입니다. 이 표현들을 익히면 협상에서 더 이상 주관적인 주장을 내세우는 사람이 아닌, 객관적 신뢰를 주는 사람으로 주도권을 잡을 수 있습니다.

 핵심 문장 미리보기

이번 매뉴얼 5에서는 데이터와 근거를 활용해 설득력을 높이는 표현을 다룹니다.

- `데이터 제시` 이 데이터를 보시면 제 말씀이 더 와닿을 겁니다.
- `자료 공유` 관련 자료를 함께 공유드립니다.
- `판단 근거` 이 수치를 보면 왜 이런 판단을 내렸는지 아실 수 있을 겁니다.

핵심문장 1　데이터 제시
이 데이터를 보시면 제 말씀이 더 와닿을 겁니다.

Casual

You'll see what I mean once you look at the data.
데이터를 보시면 제 말씀이 더 잘 이해되실 거예요.

The numbers clearly support our position.
수치가 명확히 저희 입장을 뒷받침합니다.

This chart highlights the main point I've been trying to make.
이 차트는 제가 말씀드리려던 핵심을 잘 보여줍니다.

Formal

As you can see, sales have grown by 18% year-over-year, which clearly shows market confidence.
보시다시피 매출이 전년 대비 18% 증가했습니다. 이는 시장의 신뢰를 보여주는 수치입니다.

This figure speaks for itself—it's a clear indicator of rising demand.
이 수치 자체가 증거입니다. 수요가 증가하고 있다는 명확한 신호죠.

- year-over-year (YoY) 전년 대비
- market confidence 시장 신뢰도

Casual You'll see what I mean은 데이터를 근거로 주장을 뒷받침하는 표현입니다. The numbers clearly support our position은 수치로 논리의 신뢰를 높이고, This chart highlights the main point는 시각 자료를 통해 핵심을 강화합니다.

Formal sales have grown by 18% year-over-year는 데이터의 변화를 구체적으로 제시하며 설득력을 높입니다. This figure speaks for itself은 불필요한 설명 없이 수치 자체로 신뢰를 이끄는 고급 표현입니다.

핵심문장 2 — 자료 공유
관련 자료를 함께 공유드립니다.

[Casual]

We've prepared the report for your reference.
참고하시라고 보고서를 준비했습니다.

Here's a quick summary of the key figures.
핵심 수치 요약본을 함께 드립니다.

The detailed breakdown is included in this document.
이 문서에 자세한 수치가 포함돼 있습니다.

[Formal]

Please check page 3 for the revised pricing table.
수정된 가격표는 3페이지를 참고해 주시기 바랍니다.

The first section outlines the comparison with last quarter's data.
첫 번째 섹션에는 지난 분기와의 비교 데이터가 정리돼 있습니다.

- key figure 핵심 수치
- breakdown 세부 내역

[Casual] for your reference는 참고용 자료를 전달할 때 자주 쓰이는 부드러운 표현입니다. quick summary는 핵심 정보만 간단히 정리했음을 의미하고, detailed breakdown은 구체적 수치를 함께 공유할 때 자연스럽습니다.

[Formal] revised pricing table은 수정된 가격 정보를 명확히 안내하는 표현입니다. outlines the comparison은 데이터를 구조적으로 설명하며, 공식 보고서나 발표용 문체에 적합합니다.

핵심 문장 3 〔판단 근거〕 이 수치를 보면 왜 이런 판단을 내렸는지 아실 수 있을 겁니다.

〔Casual〕

These metrics explain why we chose this direction.
이 수치를 보시면 왜 이런 방향을 택했는지 이해되실 겁니다.

Based on past performance, this seems like a reasonable move.
과거 실적을 보면, 이건 합리적인 선택처럼 보입니다.

Our decision is backed by both internal and external data.
저희의 결정은 내부 및 외부 데이터를 기반으로 합니다.

〔Formal〕

This data supports why this direction is the most practical choice.
이 데이터는 이 방향이 가장 현실적인 선택임을 뒷받침합니다.

The evidence shows that our current approach aligns with market realities.
근거 자료는 현재의 접근 방식이 시장 현실과 부합함을 보여줍니다.

- metrics 수치, 측정 지표
- move 조치, 결정

〔Casual〕 These metrics explain why ~는 데이터로 판단의 논리를 보여주며, Based on past performance ~는 과거 성과를 바탕으로 한 합리적 판단을 강조합니다. by both internal and external data는 내외부 데이터를 통해 객관성을 강화합니다.

〔Formal〕 This data supports why ~는 제안의 현실적 타당성을 입증하고, The evidence shows that ~는 시장 논리와 부합하는 전략적 판단을 보여줍니다.

리얼 비즈니스

이 상황은 Sam이 가격 정책 변경에 대한 우려를 데이터로 설득하는 장면입니다. 실제 수치와 보고서를 근거로 제시하며 상대의 신뢰를 얻는 흐름이 잘 드러납니다.

Sam I understand your concerns, but let me show you something. This figure speaks for itself.
우려하시는 부분 이해합니다. 그런데 하나 보여드릴 게 있어요.
이 수치 자체가 증거입니다.

These metrics explain why we chose this pricing model.
이 수치를 보시면 저희가 왜 이 가격 모델을 선택했는지 아실 겁니다.

Beline Hmm, I see. The customer retention rate after the last change is higher than I expected.
음, 그렇군요. 지난번 변경 이후 고객 유지율이 생각보다 높네요.

Sam Exactly. And as you can see here, we've prepared the breakdown by region.
맞습니다. 여기 보시면 지역별 세부 수치도 준비해 뒀습니다.

Beline Okay, that gives me more confidence in the approach.
좋습니다. 이 접근 방식에 대해 좀 더 확신이 생기네요.

Sam Our decision is backed by both internal and external data, so this model should remain sustainable long term.
저희의 결정은 내부 및 외부 데이터를 모두 기반으로 하고 있어, 장기적으로도 충분히 지속 가능한 모델입니다.

Beline That sounds reasonable. Once I review the full report, we can discuss next steps.
그거 괜찮게 들리네요. 전체 보고서 검토 후에 다음 단계를 논의하죠.

Expression

의견 차이 속에서도 대화 흐름 잡기

협상에서 의견이 엇갈릴 때, 핵심은 '누가 맞는가'를 따지는 것이 아니라 상대의 주장과 내 주장의 균형을 잡으며 대화의 흐름을 이어가는 기술입니다. 직설적인 반박은 분위기를 경직시키고, 지나치게 완곡하면 메시지가 흐려집니다. 정중함을 유지하면서도 논의의 방향을 안정적으로 이끄는 표현을 알아봅시다.

상대 의견 인정하기

I see where you're coming from.
어떤 맥락에서 말씀하시는지 이해됩니다.

I understand the concern you're raising.
제기하신 우려를 이해합니다.

입장을 전환하며 핵심 다시 잡기

Here's the part I'm still unsure about.
아직 확신이 들지 않는 부분은 여기입니다.

The challenge is how this fits into our timeline.
문제는 이 안이 우리의 일정에 어떻게 맞춰지는지입니다.

대화를 다시 앞으로 이끄는 제안하기

How about adjusting this portion first?
이 부분을 먼저 조정해보는 건 어떨까요?

Maybe we can try a middle option between the two ideas.
두 의견 사이에서 중간안을 찾아볼 수도 있겠습니다.

Let's explore a version that works for both teams.
양쪽 팀 모두에게 맞는 버전을 찾아보죠.

결국 협상은 누가 이기느냐가 아니라 어떻게 말하고, 어떻게 반응하느냐가 균형을 만듭니다. 정중하게 인정하고, 차분히 전환하고, 실제적인 제안을 할 때 비로소 진짜 협상이 시작됩니다.

매뉴얼 6

의견 차이, 부드럽게 조율하려면?

 핵심 포인트

협상에서 의견 차이는 자연스러운 일입니다. 문제는 그 차이를 어떻게 풀어가느냐에 있습니다. 많은 사람들이 상대의 말이 끝나기도 전에 반박하거나, 불편한 침묵으로 넘기곤 합니다. 하지만 이런 대응은 설득이나 합의로 이어지기보다는 긴장을 키우는 경우가 많습니다. 특히 이해관계가 얽힌 협상일수록, 한 문장·한 어조가 분위기를 완전히 바꾸기도 합니다.

이번 매뉴얼에서는 의견 차이를 대립이 아닌 조율의 기회로 바꾸는 언어를 다룹니다. 상대의 의견을 먼저 인정하고, 그 위에 내 생각을 부드럽게 덧붙이면 대화의 균형을 되찾을 수 있습니다. 서로의 입장을 존중하면서도 내 의견을 분명히 전달하려면 어조와 단어 선택이 결정적인 역할을 합니다. 이 단계를 익히면 대화는 대립이 아닌 균형 잡힌 조정의 장으로 바뀝니다.

 핵심 문장 미리보기

이번 매뉴얼 6에서는 의견 차이를 부드럽게 조율할 때 가장 효과적인 핵심 표현을 다룹니다.

- 이견 표현 그 점은 조금 다르게 보고 있습니다.
- 타협 제안 타협점을 찾아볼 수 있을까요?
- 절충 제안 입장은 충분히 존중합니다. 그럼 이런 절충안은 어떨까요?

핵심문장 1 〔이견 표현〕 그 점은 조금 다르게 보고 있습니다.

[Casual]

I see where you're coming from, but I have a slightly different take.
말씀하신 바는 이해하지만, 저는 약간 다르게 보고 있습니다.

That's a fair point, though I'd like to offer a different view.
좋은 지적이시지만, 다른 관점을 하나 제안드리고 싶습니다.

I'm not sure I fully agree with that part.
그 부분은 완전히 동의하긴 어렵습니다.

[Formal]

I see your point, but maybe we can look at it from another angle.
말씀하신 부분 이해합니다만, 다른 각도에서 볼 수도 있을 것 같아요.

That's a valid point, though I might approach it differently.
좋은 지적이네요. 하지만 저는 조금 다르게 접근할 것 같습니다.

- take 관점, 해석
- fair 일리 있는

[Casual] I see where you're ~은 상대의 논리를 이해한다는 신호이며, a fair point 는 일리 있는 지적을 인정하며, 내 의견을 자연스럽게 전환할 때 쓰입니다. I'm not sure I fully agree ~는 직접적인 반대 대신 완곡하게 이견을 표현합니다.

[Formal] I see your point ~은 이해와 관점 전환을 동시에 담은 정중한 표현입니다. That's a valid point, though I might ~는 상대의 전문성을 인정하면서 대안을 제시할 때 적합하며, 반박이 아닌 조율의 어조로 논리와 관계의 균형을 유지합니다.

> **핵심 문장 2** [타협 제안]
> # 타협점을 찾아볼 수 있을까요?

[Casual]

Maybe there's a middle ground we can agree on.
서로 동의할 수 있는 중간 지점을 찾아볼 수 있지 않을까요?

Let's explore a solution that meets both our needs.
양측의 요구를 모두 충족할 수 있는 해결책을 찾아보죠.

What if we adjust the terms slightly to balance things out?
조건을 조금 조정해서 균형을 맞춰보는 건 어떨까요?

[Formal]

What if we start small and revisit the terms after three months?
우선 소규모로 시작하고, 3개월 후 조건을 다시 검토하는 건 어떨까요?

Maybe we can find a middle ground by extending the deadline a bit.
마감일을 조금 연장해서 중간 지점을 찾을 수도 있을 것 같아요.

- adjust the terms 조건을 조정하다
- revisit the terms 조건을 재검토하다

[Casual] Maybe there's a middle ground ~은 의견이 엇갈릴 때 분위기를 완화하며 절충점을 제시합니다. Let's explore a solution은 함께 해답을 찾아보자는 협력적 어조이고, adjust the terms slightly는 조건 조정을 제안할 때 자연스럽습니다.

[Formal] What if we start small and revisit the terms는 리스크를 줄이고 단계적으로 조건을 재검토하자는 신중한 협상 전략입니다. by extending the deadline은 현실적 조율을 제시해 균형 잡힌 합의를 이끌 때 적합합니다.

핵심문장 3

[절충 제안]

입장을 충분히 존중합니다. 그럼 이런 절충안은 어떨까요?

[Casual]

I completely respect your position—here's another idea to consider.
입장을 전적으로 존중합니다. 고려해볼 다른 제안이 하나 있습니다.

I hear you, and I'd like to build on that with this suggestion.
말씀 잘 들었습니다. 거기에 이런 제안을 더해보면 어떨까요?

I understand where you're coming from, so how about this as a compromise?
입장은 충분히 이해됩니다. 그럼 이런 절충안은 어떨까요?

[Formal]

I completely understand your concern about cost. What if we simplify the first phase to reduce expenses?
비용에 대한 우려 충분히 이해합니다. 1단계를 간소화해서 예산을 줄이는 건 어떨까요?

You make a good point about timing. Maybe we can extend the schedule slightly.
일정 관련해서 좋은 말씀입니다. 일정을 약간 연장하는 것도 방법일 것 같아요.

- compromise 타협안, 절충안
- simplify 간소화하다

[Casual] I completely respect ~은 상대의 입장을 인정하며 새로운 제안을 꺼낼 때 좋고, I'd like to build on ~은 협력적인 인상을 줍니다. How about this as a compromise~는 균형 잡힌 절충안을 제시할 때 자연스럽습니다.

[Formal] What if we simplify ~는 상대의 우려를 반영한 실질적 제안입니다. Maybe we can extend ~은 현실적 조정을 제시하는 문장입니다. 절충의 핵심은 '틀렸다'가 아니라 '반영했다'는 인상을 주는 것입니다.

리얼 비즈니스

이 상황은 프로젝트 예산을 조정하는 협상 중, Mina와 Daniel이 의견 차이를 부드럽게 조율하는 장면입니다. 특히 대화에 나온 표현들은 부드럽게 의견을 제시하거나, 절충점을 제안하여 실제 협상 자리에서 자주 쓰이는 말입니다.

Mina   Daniel, I see where you're coming from, but I do have a slightly different take.
Daniel, 말씀하신 부분은 이해하지만 제 생각은 조금 다릅니다.

Daniel   That's completely fair, Mina. I'm open to hearing your perspective.
충분히 일리 있네요, Mina. 당신 의견도 듣고 싶습니다.

Mina   I was thinking—we might find a middle ground if we adjust the budget scope slightly.
예산 범위를 약간 조정하면 서로 수용 가능한 중간 지점을 찾을 수 있을 것 같아요.

Daniel   Hmm, that could work. I'm willing to shift a bit if it keeps things moving forward.
음, 괜찮을 수도 있겠네요. 진행을 위해서라면 어느 정도 조정할 의향이 있어요.

Mina   I completely respect your position—here's another idea to consider.
입장은 충분히 존중합니다. 그럼 이런 제안을 고려해 보면 어떨까요?

Daniel   No problem at all. Let's summarize the changes and align on next steps.
전혀 문제 없어요. 변경 사항을 정리하고 다음 단계를 조율하죠.

숫자와 신뢰 사이에서 균형 잡기

협상에서 의견이 엇갈릴 때, 핵심은 내 주장을 얼마나 잘 말하느냐가 아니라 상대가 내 말을 얼마나 받아들일 준비가 되어 있느냐입니다. 데이터와 신뢰, 두 축 사이에서 균형을 잡는 매너를 익혀보세요. 데이터 중심 협상에서는 수치와 분석이 설득의 언어입니다. 반면 관계 중심 협상에서는 공감의 온도가 먼저 확보되어야 대화가 열립니다.

관계 중심

That's a valid point. Maybe we can combine that with what we found from the data.
타당한 지적이에요. 그걸 저희가 확보한 데이터와 함께 고려해볼 수도 있겠네요.

데이터 중심

According to the data we reviewed, this approach led to consistent results.
검토한 데이터에 따르면, 이 접근이 지속적인 결과를 가져왔습니다.

 협상 초반에는 관계의 온도를 먼저 확보하고, 그다음에 데이터를 제시하세요.

직접적인 반박 대신, 톤을 낮춘 완곡한 전환어구를 써보세요.
이 차이가 협상의 흐름을 바꿉니다.

완곡형 표현

I see your point, but here's another angle.
말씀하신 요점을 이해하지만, 다른 관점도 있습니다.

That might be true in some cases, but not all.
어떤 경우에는 맞을 수도 있지만, 항상 그런 건 아닙니다.

That could be challenging under our current timeline.
현재 일정상 그건 다소 어려울 것 같습니다.

 반박보다 전환, 부정보다 보완의 어조로 말하세요.

결국 협상은 이기는 게임이 아니라 균형의 예술입니다. 데이터로 신뢰를 세우고, 공감으로 그 신뢰를 이어갈 때 비로소 진짜 합의가 만들어집니다.

매뉴얼 7

양보안 제시하고 균형 맞추기

 핵심 포인트

협상은 늘 주고받는 과정입니다. 하지만 많은 사람들이 '양보'라는 단어를 지거나 손해 보는 일로 오해하곤 합니다. 실제 비즈니스 현장에서는 완벽히 원하는 조건을 얻는 경우보다, 서로의 우선순위를 맞바꾸며 균형점을 찾는 경우가 훨씬 많습니다. 한쪽이 지나치게 고집을 부리면 협상은 멈추고, 반대로 너무 쉽게 양보하면 우리 팀의 입장이 약해집니다.

결국 중요한 건, 어디서 조율하고 어디서 지킬지를 명확히 구분하는 것입니다. 이번 매뉴얼은 전략적인 양보를 통해 균형을 유지하는 언어를 배웁니다. 단순한 포기가 아니라, 조건을 조정하며 상호 이익을 찾는 표현입니다. 아래 표현들을 통해 협상 자리에서 감정적으로 밀리지 않고, 상대의 신뢰를 얻으면서도 주도권을 유지하는 대화를 해보세요.

 핵심 문장 미리보기

이번 매뉴얼 7에서는 균형을 맞추기 위한 전략적 양보 표현을 다룹니다.

- `조정 제안` 이건 조금 조정할 수 있습니다.
- `양보 표현` 이 부분은 저희가 양보할 수 있습니다.
- `균형 강조` 공평한 조건을 찾고 싶어요.

핵심문장 1 · 조정 제안
이건 조금 조정할 수 있습니다.

[Casual]

We can adjust this part a little to help both sides.
이 부분은 양측 모두에게 도움이 되도록 약간 조정할 수 있습니다.

We're fine with adjusting the timeline if needed.
필요하다면 일정도 조정할 수 있습니다.

Maybe we can find a way that works for both of us.
우리 둘 다 수용할 수 있는 방법을 찾아볼 수 있을 것 같습니다.

[Formal]

We can extend the delivery date by one week if that helps your team.
귀사 팀 일정에 도움이 된다면 납기일을 일주일 연장할 수 있습니다.

Maybe we can adjust the budget slightly to make this feasible.
이 프로젝트를 실행하기 위해 예산을 조금 조정할 수도 있을 것 같아요.

- timeline 일정, 추진 일정표
- feasible 실행 가능한, 실현 가능한

[Casual] We can adjust ~은 유연하게 접근하겠다는 메시지를 전하며, We're fine with adjusting ~은 현실적 조정을 통해 신뢰를 줍니다. Maybe we can find a way ~는 양측이 만족할 수 있는 해법을 모색하자는 제안입니다.

[Formal] We can extend ~은 협조적이면서 주도권을 유지하는 일정 조정 문장이고, Maybe we can adjust ~는 현실적 타협의 여지를 보여주는 표현입니다. 조정을 제안할 때는 '얼마나, 어떤 부분'에 대한 것을 구체적으로 언급해야 설득력과 신뢰가 높아집니다.

핵심문장 2 — 양보 표현
이 부분은 저희가 양보할 수 있습니다.

Casual

This part isn't a big issue for us, so we can be flexible.
이 부분은 저희에게 큰 문제가 아니므로 유연하게 대응할 수 있습니다.

If we can keep the price, we can adjust the quantity.
가격을 유지한다면, 수량은 조정할 수 있습니다.

We're open to different ideas on this point.
이 부분에 대해서는 다른 아이디어에도 열려 있습니다.

Formal

We can increase the quantity slightly, but the delivery date will need to stay the same.
수량은 약간 늘릴 수 있지만, 납기일은 그대로 유지해야 합니다.

We're flexible on the color options if the core design remains unchanged.
핵심 디자인이 유지된다면 색상 옵션은 조정 가능합니다.

- flexible 유연한, 조정 가능한
- quantity 수량

Casual This part isn't a big issue ~는 상대의 요구를 인정하면서도 주도권을 유지하고, If we can keep the price ~는 조건부 양보를 제시하는 표현이고, We're open to different ideas는 협상 여지를 남기며 경직된 분위기를 부드럽게 전환시킵니다.

Formal increase the quantity slightly는 일부만 조정 가능함을 명확히 제시하며, We're flexible on ~는 핵심은 지키되 주변을 양보하는 전략적 조율 표현입니다. 하나를 내줄 때 다른 하나를 지키는 교환 구조로 신뢰와 주도권을 확보해야 합니다.

핵심문장 3 ｜ 균형 강조
공평한 조건을 찾고 싶어요.

[Casual]

We want to keep things fair for both sides.
양측 모두에게 공평한 조건을 원합니다.

We understand your situation and want to help.
귀측의 상황을 이해하고 도와드리고 싶습니다.

Let's try to find a good balance together.
함께 좋은 균형점을 찾아보겠습니다.

[Formal]

Based on the market rate, we believe this proposal keeps things fair for both sides.
시장 기준을 볼 때, 이 제안은 양측 모두에게 공정하다고 생각합니다.

We're open to adjusting the schedule so both teams can manage the workload evenly.
두 팀 모두 부담 없이 업무량을 조율할 수 있도록 일정 조정에도 열려 있습니다.

- workload 업무량
- evenly 균등하게

[Casual] keep things fair for both sides는 공평함을 내세워 분위기를 부드럽게 만들고, We understand your situation ~은 상대의 입장을 인정하며 신뢰를 쌓는 표현입니다. Let's try to find ~는 함께 해결하자는 협력형 메시지입니다.

[Formal] Based on the market rate ~는 데이터를 근거로 공정성을 입증합니다. We're open to adjusting ~은 실무 현실을 고려한 유연한 조율 표현으로, 공평함은 감정보다 데이터와 조건 비교로 설득할 때 신뢰가 높아집니다.

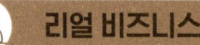

제품 공급 조건을 논의하는 협상 중반 단계에서 양측은 이미 주요 조건에 대해 의견을 교환한 상태입니다. 이제 조정과 양보를 통해 합의점을 찾고 있습니다.

Olivia	**We can adjust this part a little to help both sides.** 이 부분은 양측 모두에게 도움이 되도록 약간 조정할 수 있습니다.
David	**That's good to hear. We're fine with adjusting the timeline if needed.** 반가운 말씀입니다. 필요하다면 일정도 조정할 수 있습니다.
Olivia	**If we can keep the price, we can adjust the quantity.** 가격을 유지한다면 수량은 조정할 수 있습니다.
David	**That sounds fair. We want to keep things balanced.** 공정하게 들립니다. 저희도 균형 잡힌 조건을 원합니다.
Olivia	**We understand your situation and want to help.** 귀측의 상황을 잘 이해하고 있고 도와드리고 싶습니다. **I'll send you the updated draft later today.** 오늘 중으로 수정된 초안을 보내드리겠습니다.

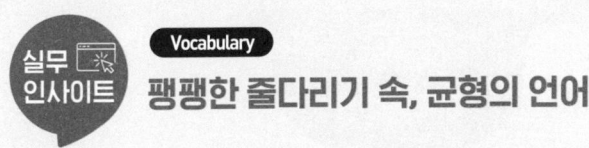

팽팽한 줄다리기 속, 균형의 언어

1. strike a balance 균형을 잡다, 조화시키다

It's important to strike a balance between flexibility and structure.
유연함과 체계를 적절히 조화시키는 것이 중요합니다.

2. meet halfway 서로 절반씩 양보하다

Let's meet halfway on the budget and timeline.
예산과 일정 모두에서 서로 절반씩 양보하죠.

3. push and pull 밀고 당기기, 줄다리기, 조율 과정

Negotiation is always a push and pull between priorities.
협상은 언제나 각자의 우선순위를 두고 줄다리기하는 과정이죠.

4. take a step back 한 발 물러서다, 다시 객관적으로 보다

Let's take a step back and look at the big picture.
잠시 한 발 물러서서 전체 그림을 봅시다.

5. revisit 다시 논의하다 / 재검토하다

We can revisit this point once more feedback comes in.
피드백이 더 들어오면 이 부분을 다시 논의해 봅시다.

6. bridge the gap 차이를 좁히다 / 간극을 메우다

Our goal is to bridge the gap between what both sides need.
양측의 요구사항 사이의 간극을 메우는 것이 우리의 목표입니다.

매뉴얼 8

합의점 도출·최종 확인하기

핵심 포인트

협상 테이블에서 가장 긴장감이 높아지는 순간은 바로 합의 직전입니다. 양측이 이미 수차례 의견을 주고받고, 세부 조항을 조율하며 좁혀온 입장이 마침내 한 줄의 계약서 문장으로 정리되는 단계입니다. 하지만 이때 사소한 오해나 표현의 차이 하나가 협상의 균형을 무너뜨릴 수 있습니다.

그래서 매뉴얼 8에서는 합의점을 명확히 도출하고 이를 최종 확인하는 표현을 다룹니다. 상대측은 '협상이 깔끔하게 마무리되었다'는 인상을 받게 되고, 당신은 '신뢰와 전문성'을 모두 확보하게 됩니다. 매뉴얼 8의 표현들로 협상이 끝난 뒤에도 흔들림 없는 결과와 관계를 동시에 지키는 힘을 가져보세요.

핵심 문장 미리보기

이번 매뉴얼 8에서는 협상의 마무리 단계에서 꼭 필요한 표현을 다룹니다.

- 합의 정리 │ 이 부분은 이렇게 정리하겠습니다.
- 누락 점검 │ 혹시 놓친 부분이 있을까요?
- 최종 확정 │ 최종 결정을 확정하겠습니다.

핵심문장 1 — 합의 정리
이 부분은 이렇게 정리하겠습니다.

[Casual]

So, just to wrap up, we'll proceed with Option B.
정리하자면, B안으로 진행하겠습니다.

To summarize our agreement, we're moving forward with the new pricing model.
합의 내용을 요약하자면, 새 가격 모델로 진행하겠습니다.

Let's finalize this. Delivery by the 25th, with revised specs.
확정하겠습니다. 25일까지 납품하며 수정된 사양을 기준으로 진행합니다.

[Formal]

So, to confirm—we'll move forward with the revised specs by the 25th.
확인차 말씀드리면, 수정된 사양 기준으로 25일까지 진행하겠습니다.

I'll follow up with an email summarizing what we agreed on today.
오늘 합의한 내용을 정리한 이메일을 바로 보내드리겠습니다.

- pricing model 가격 모델, 가격 책정 방식
- specs 사양

[Casual] So, just to wrap up ~은 결론을 자연스럽게 정리할 때 쓰입니다. To summarize our agreement ~은 합의된 핵심 내용을 간단히 정리하며 흐름을 마무리합니다. Let's finalize this ~는 결정을 확정하고 실행 단계로 전환해줍니다.

[Formal] So, to confirm ~은 이해 일치 여부를 확인합니다. I'll follow up with an email ~은 서면 기록을 약속하며 신뢰를 높이는 표현으로, 짧지만 구체적인 정리 문장이 협상의 마무리를 깔끔하게 완성합니다.

핵심 문장 2 〔누락 점검〕 혹시 놓친 부분이 있을까요?

〔Casual〕

Before we close, is there anything we missed?
마무리하기 전에 혹시 빠진 부분이 있을까요?

Please let me know if there's anything unclear or still pending.
아직 불명확하거나 미결인 부분 있으면 말씀해 주시기 바랍니다.

I want to make sure we're aligned on all key points.
핵심 사항들에 대해 의견이 일치하는지 확인하고 싶습니다.

〔Formal〕

Before we wrap up, is there anything else we should clarify?
마무리하기 전에 추가로 확인해야 할 부분이 있을까요?

I want to make sure we're fully aligned before we wrap up.
회의를 마치기 전에 우리 모두의 이해가 완전히 일치하는지 확인하고 싶습니다.

- pending 미결 상태인, 남아있는

〔Casual〕 Before we close ~는 누락된 항목을 확인할 때, Please let me know if ~은 미결 사항을 정리할 때 유용합니다. I want to make sure we're aligned on all key points는 핵심 인식 일치를 확인하며 신뢰를 높입니다.

〔Formal〕 Before we wrap up ~은 공식 미팅 마무리에 단정함과 배려를 더합니다. I want to make sure we're fully aligned before we wrap up은 이해 일치를 공식적으로 확정하는 문장으로, 협상 종료 전 반드시 필요한 표현입니다.

핵심문장 3 — 최종 확정
최종 결정을 확정하겠습니다.

[Casual]

We're happy to confirm our agreement based on today's discussion.
오늘 논의한 내용을 바탕으로 협의 내용을 확정하겠습니다.

Let me send over a confirmation email with the final terms.
최종 조건을 담은 확인 메일을 곧 보내드리겠습니다.

I'll update the contract draft and share it with you shortly.
계약 초안을 수정해서 곧 전달드리겠습니다.

[Formal]

I'm following up to confirm the key points from today's meeting.
오늘 회의에서 합의한 주요 내용을 확인차 정리드립니다.

Once you review the updated draft, please let me know if any changes are needed.
수정된 초안 검토 후, 변경이 필요한 부분이 있으면 알려주시기 바랍니다.

- confirmation email 확인 메일
- contract draft 계약서 초안

[Casual] We're happy to confirm ~은 논의 결과를 긍정적으로 확정하며 마무리하며, confirmation email은 구두 합의를 서면으로 남겨 신뢰를 높이고, update the contract draft는 확정된 조건을 문서화해 실행 단계로 이어가는 표현입니다.

[Formal] I'm following up to confirm ~은 단순 확인이 아닌 체계적 사후 관리의 인상을 주며, Once you review the updated draft ~는 문서 확정 전 검토와 동의를 요청해 협상의 완결성을 높입니다.

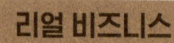 리얼 비즈니스

이 상황은 프로젝트 협상이 마무리 단계에 접어든 순간입니다. 양측이 주요 조건에 합의하고, 최종 일정을 확정한 뒤 세부 사항을 문서화하는 흐름이 자연스럽게 이어집니다.

Alex So, just to wrap up, we'll proceed with Option B and aim for delivery by the 25th.
자, 정리하자면 B안을 따르고 25일까지 납품하는 걸로 하겠습니다.

Beatrix Got it. I'll make sure our team is aligned on the revised specs as well.
알겠습니다. 저희 팀도 수정된 사양에 대해 동일하게 인식하도록 하겠습니다.

Alex Before we close, is there anything we missed or that needs clarification?
마무리하기 전에 혹시 빠졌거나 더 설명이 필요한 부분 있을까요?

Beatrix Everything looks good on our end. We're happy to confirm the agreement.
저희 쪽에서는 다 괜찮습니다. 협의 내용 확정하겠습니다.

Alex Great. I'll update the contract draft and share it with you shortly.
좋습니다. 계약 초안을 수정해서 곧 전달드리겠습니다.

Beatrix Sounds good. Please also send over a confirmation email with the final terms.
좋습니다. 최종 조건을 담은 확인 메일도 같이 부탁드립니다.

Alex Will do. Thanks for the productive discussion today.
그렇게 하겠습니다. 오늘 생산적인 논의 감사드립니다.

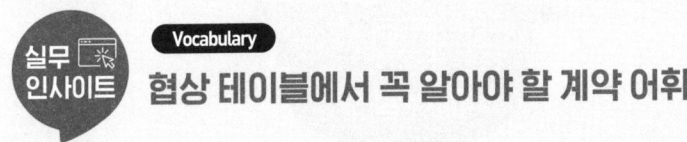

협상 테이블에서 꼭 알아야 할 계약 어휘

1. MOU (Memorandum of Understanding) 양해각서

Both companies signed an MOU to explore potential collaboration.
양사는 협력 가능성을 모색하기 위한 MOU를 체결했습니다.

2. term sheet 조건 명세서

The term sheet outlines the basic structure of the partnership.
조건 명세서는 파트너십의 기본 구조를 개괄합니다.

3. binding / non-binding 법적 구속력 있는 / 없는

This agreement is non-binding until a formal contract is signed.
이 합의는 본 계약이 체결되기 전까지는 법적 구속력이 없습니다.

4. clause 조항, 계약 내 세부 조건

Let's review the confidentiality clause carefully.
비밀 유지 조항을 꼼꼼히 검토해 봅시다.

5. due diligence 실사, 사전 검토 절차

The deal will proceed after the due diligence process is complete.
실사 절차가 완료된 후 거래를 진행할 예정입니다.

6. amendment (계약의) 수정 조항, 변경안

We'll issue an amendment to reflect the updated payment terms.
수정된 결제 조건을 반영하기 위해 계약 수정안을 발행하겠습니다.

매뉴얼 9

후속 조치와 담당자 정리하기

 **핵심 포인트**

협상이나 회의가 끝난 후, 진짜 중요한 일은 그다음 단계에서 시작됩니다. 회의 도중에는 서로의 입장을 조율하고 방향을 정하는 것에 집중하지만, 막상 끝나고 나면 누가 어떤 일을 언제까지 할지 명확히 정리되지 않아 혼선이 생기기 쉽습니다. 그 결과, 좋은 논의가 실제 실행으로 이어지지 않거나 책임 소재가 불분명해지는 일이 발생합니다.

그래서 회의나 협상의 마지막 단계에서 후속 조치와 담당자를 정리하는 일은 필수입니다. 좋은 회의라도 실행 단계에서 역할이 불분명하면 성과로 이어지기 어렵습니다. 이번 매뉴얼 9의 표현들을 학습하면 일반적인 회의 마무리가 아닌 결정된 사항이 실행으로 전환되는 구조적 협상 마무리를 만들 수 있습니다.

 핵심 문장 미리보기

이번 매뉴얼 9에서는 협상이나 회의가 끝난 후 책임 분담과 후속 조치를 명확히 정리하는 표현을 다룹니다.

- `담당 명확화` 그 부분은 저희 팀에서 진행하겠습니다.
- `일정 공유` 일정과 역할을 정리해서 공유드리겠습니다.
- `후속 점검` 다음 주 초에 진행 상황을 점검하는 게 좋겠네요.

핵심 문장 1 담당 명확화

그 부분은 저희 팀에서 진행하겠습니다.

Casual

Our team will take care of that part.
저희 팀에서 그 부분을 맡겠습니다.

We'll handle that on our side.
그건 저희 쪽에서 처리하겠습니다.

Formal

That will fall under our responsibility.
그건 저희 책임 범위에 들어갑니다.

We'll handle the design part on our side and share updates by Friday.
디자인 파트는 저희 쪽에서 맡아서 금요일까지 업데이트하겠습니다.

Our team will take care of the documentation while your side finalizes the pricing.
저희 팀은 문서 정리를 맡고, 귀측은 가격 확정을 진행해 주시면 됩니다.

- on one's side ~의 측에서, ~쪽에서
- fall under ~의 책임/소관에 해당하다

Casual) 협상 후 담당자가 모호하면 실행 단계에서 혼선이 생깁니다. Our team will take care of ~는 기본적이면서 책임감을 드러내고, We'll handle ~는 실무형 톤으로 자연스럽습니다.

Formal) That will fall under our responsibility는 담당 범위를 확정할 때 쓰며, We'll handle the design part ~는 일정 공유를 포함한 역할 분담 표현입니다. take care of the documentation while ~은 양측 역할을 병렬로 구분할 때 적합합니다.

> **핵심 문장 2** [일정 공유]
> ## 일정과 역할을 정리해서 공유드리겠습니다.

[Casual]

I'll follow up with a summary of the timeline and responsibilities.
일정과 업무 분담 요약본을 후속으로 전달드리겠습니다.

I'll send over a breakdown of the schedule and task owners.
일정과 담당자 세부 내역을 정리해 보내드리겠습니다.

Let me share a quick outline of next steps and who's doing what.
다음 단계와 담당자를 간단히 공유드리겠습니다.

[Formal]

I'll follow up with a brief summary of key decisions and action items.
주요 결정 사항과 실행 항목을 요약해 후속 메일로 드리겠습니다.

Please review the attached timeline and let me know if any updates are needed.
첨부된 일정표를 확인하시고 수정사항이 있으면 알려주세요.

- task owners 담당자

[Casual] follow up with a summary는 일정과 역할을 간단히 정리해 전달할 때 쓰입니다. send over a breakdown은 담당자별 업무 공유에, share a quick outline은 다음 단계를 가볍게 안내할 때 자연스럽습니다.

[Formal] I'll follow up with a brief summary of key decisions는 회의 후 핵심 사항을 정리해 전달할 때 적합하고, Please review the attached timeline은 첨부 자료 검토를 요청하는 격식 있는 마무리 표현입니다.

> **핵심문장 3** — 후속 점검
> **다음 주 초에 진행 상황을 점검하는 게 좋겠네요.**

Casual

It might be good to check in early next week.
다음 주 초에 진행 상황을 점검하는 게 좋겠습니다.

Let's plan a quick touchpoint next week to stay aligned.
다음 주에 짧게 점검 미팅을 잡아 의견을 맞추죠.

How about a brief follow-up on Monday to track progress?
월요일에 진행 상황을 확인하기 위해 간단히 후속 확인 미팅을 하는 건 어떨까요?

Formal

Let's have a quick 10-minute check-in next Tuesday to see where we stand.
다음 주 화요일에 10분 정도 짧게 점검 미팅을 하죠.

I'll set up a brief follow-up to make sure everything's on track.
모든 일이 계획대로 진행 중인지 확인하기 위해 짧게 후속 미팅을 잡겠습니다.

- check in 진행 상황을 점검하다
- touchpoint 짧은 접점, 점검 미팅
- track 진행 상황을 추적하다, 확인하다

Casual check in early next week은 자연스럽게 후속 논의를 제안하는 표현이며, quick touchpoint는 부담 없는 짧은 점검 미팅을 뜻합니다. follow-up on Monday는 구체적 시점을 제시해 실행력을 높입니다.

Formal check-in next Tuesday는 점검 미팅을 명확히 하는 격식 있는 제안이며, make sure everything's on track은 진행 상태를 확인하며 책임감을 전달할 때 쓰입니다.

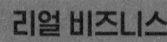 리얼 비즈니스

이 상황은 협상 이후 실행 단계로 넘어가기 전, 역할과 일정 정리를 마무리하는 장면입니다. Anna와 David는 각자의 팀이 담당할 부분을 명확히 구분하고, 일정표와 후속 미팅 계획까지 구체화하고 있습니다.

Anna So, about the client feedback updates—should we decide who's doing what?
클라이언트 피드백 수정 관련해서, 누가 어떤 역할을 맡을지 정하는 게 좋을까요?

David Yes. Our team will take care of that part, especially the design changes.
네. 디자인 수정 부분은 저희 팀에서 맡겠습니다.

Anna Great. Then I'll send over a breakdown of the schedule and task owners by this afternoon.
좋습니다. 그럼 오늘 오후까지 일정과 담당자 세부 내역을 정리해 보내드리겠습니다.

David Sounds good. And I'll follow up with a summary once we confirm on our side.
좋습니다. 저희 쪽에서 확정되면 요약하여 다시 공유드리겠습니다.

Anna One more thing—how about a brief follow-up on Monday to track progress?
한 가지 더 있는데요, 월요일에 진행 상황을 확인하기 위해 간단히 후속 확인 미팅을 하는 건 어떨까요?

David Perfect. Let's plan a quick touchpoint early next week.
좋습니다. 다음 주 초에 짧은 점검 미팅을 계획하겠습니다.

Anna Alright, I'll get that on the calendar.
알겠습니다. 캘린더에 일정을 등록하겠습니다.

Manner & Tip

협상 action items, 담당자 지정 매너

협상이나 회의는 마무리되는 순간이 진짜 시작입니다. 결정된 내용을 누가, 언제, 어떻게 실행할지를 명확히 하지 않으면 다음 미팅은 지난 회의의 반복으로 끝나기 쉽습니다. 상대에게 부담을 주지 않으면서도 책임을 명확히 전달하는 것, 실무 매너의 핵심입니다.

1. 담당자를 지정할 땐 책임보다 신뢰를 강조

업무를 맡길 때 You're responsible for this처럼 단정적인 문장보다는 Can we count on you for this part?처럼 신뢰와 기대의 메시지를 담아 표현하는 것이 좋습니다. 책임을 부여하기보다 신뢰를 표현하면 협력적인 분위기가 만들어집니다. 이는 단순한 업무 분담이 아니라 관계의 신뢰를 쌓는 과정이기도 합니다.

Can we count on you for coordinating the logistics?
물류 조정을 맡아주실 수 있을까요?

I trust you'll handle the client communication smoothly.
고객사 커뮤니케이션은 잘 진행해주실 거라 믿습니다.

 담당자를 지정할 땐 count on과 trust 같은 긍정적 신뢰어를 활용하세요.

2. 미정인 사안은 '보류'보다는 '예정'으로 표현

협상이나 회의 후 아직 확정되지 않은 부분이 있을 수 있습니다. 이때 We haven't decided yet보다는 We'll finalize this in our next check-in처럼 다음 단계를 예고하는 표현을 사용하면 훨씬 긍정적으로 들립니다. '보류'는 다소 소극적으로 들리지만, '예정'은 추진력과 신뢰감을 줍니다.

We'll confirm the pricing adjustment in our next session.
가격 조정안은 다음 미팅에서 확정하겠습니다.

Let's revisit the vendor issue after we receive the updated quote.
견적이 업데이트되면 공급 업체 관련 사안을 다시 논의하겠습니다.

 미정 사안은 we'll revisit나 we'll finalize로 표현해 진행형 협상의 인상을 남기세요.

매뉴얼 10

음원 듣기

협상 마무리, 신뢰를 남기려면?

핵심 포인트

협상의 마지막 단계는 단순히 '합의'를 끝내는 순간이 아닙니다. 오히려 신뢰를 남기고 관계를 이어가는 출발점입니다. 많이들 협상 조건 정리나 계약서 검토에만 집중하지만, 진짜 중요한 것은 이 사람과 다음에도 일하고 싶다는 인상을 남기는 것입니다.

마지막 매뉴얼 10에서는 합의 이후의 여운을 다루는 표현을 배웁니다. 단순히 논의한대로 진행하자는 표현이 아닌 감사의 언어로 신뢰를 쌓는 대화 마무리법을 익히게 됩니다. 합의가 끝난 후 마지막 한마디가 다음 협력의 문을 여는 경우가 많습니다. 이런 표현 하나가 협상 결과 이상의 가치를 만들어냅니다.

핵심 문장 미리보기

이번 매뉴얼 10에서는 협상의 마무리 단계에서 신뢰를 남기고 관계를 이어가는 표현을 배웁니다.

- `관계 유지` 앞으로도 좋은 협력 관계를 이어가고 싶습니다.
- `지원 의사` 필요하시면 언제든 도와드리겠습니다.
- `신뢰 표현` 서로 신뢰할 수 있는 관계를 쌓게 되어 기쁩니다.

핵심 문장 1 · 관계 유지
앞으로도 좋은 협력 관계를 이어가고 싶습니다.

[Casual]

We're looking forward to building a strong working relationship.
앞으로도 탄탄한 협력 관계를 이어가고 싶습니다.

I hope this is just the beginning of a long-term partnership.
이번이 장기적인 파트너십의 시작이 되기를 바랍니다.

Let's keep the lines of communication open moving forward.
앞으로도 자유롭게 의견을 주고받을 수 있으면 좋겠습니다.

[Formal]

It was great working with your team. Let's stay in touch for future projects.
함께 일하게 되어 즐거웠습니다.
앞으로 있을 프로젝트에서도 계속 연락드리겠습니다.

We appreciate your collaboration and look forward to the next step together.
협조에 감사드리며, 함께 다음 단계를 이어가길 기대합니다.

- working relationship 협력 관계
- the lines of communication 소통 창구

[Casual] a strong working relationship은 함께 성장하고 싶다는 진정성을 전하고, a long-term partnership은 장기적인 신뢰 관계의 의지를 담습니다. Let's keep the lines of communication open ~는 앞으로도 소통의 문을 열어두자는 제안입니다.

[Formal] It was great working with your team ~는 감사와 긍정의 인상을 함께 주는 대표적인 마무리 인사입니다. We appreciate your collaboration ~는 격식있게 다음 협력을 제안하는 문장으로, 협상의 핵심인 '관계의 시작'을 남기는 것입니다.

핵심 문장 2

(지원 의사)
필요하시면 언제든 도와드리겠습니다.

[Casual]

If anything comes up, feel free to reach out.
무슨 일이 생기면 언제든 편하게 연락 주세요.

You can count on us if any issues arise.
무슨 일이 생기면 언제든 편하게 연락 주세요.

We're always here to support if needed.
필요하실 때 언제든 지원해 드리겠습니다.

Please don't hesitate to reach out if you need any clarification.
추가 설명이 필요하시면 언제든 편하게 연락 주세요.

[Formal]

We're happy to assist with any follow-up steps you may need.
추가로 필요한 후속 조치가 있다면 기꺼이 도와드리겠습니다.

- count on ~를 믿다, 의지하다
- hesitate 망설이다
- arise (문제나 상황이) 생기다, 발생하다
- clarification 추가 설명, 명확화

[Casual] If anything comes up은 언제든 도움을 주겠다는 열린 태도를 보여주며, You can count on us는 신뢰할 수 있는 파트너임을 강조합니다. don't hesitate to reach out은 부담 없이 연락을 요청하는 따뜻한 마무리 표현입니다.

[Formal] We're happy to assist with any follow-up steps는 후속 조치에 대한 적극적 지원 의사를 공식적으로 전달하며, 신뢰와 책임감을 함께 담습니다. 업무 이메일에서도 마지막에 신뢰와 책임감을 보여줄 수 있는 표현입니다.

핵심문장 3

신뢰 표현

서로 신뢰할 수 있는 관계를 쌓게 되어 기쁩니다.

[Casual]

I really appreciate the trust we've built through this process.
이번 과정을 통해 쌓은 신뢰를 정말 소중히 생각합니다.

It's great to see that we're aligned not just on terms, but also in mindset.
조건뿐 아니라 사고방식에서도 같은 방향을 보게 되어 기쁩니다.

I value the transparency we had throughout the conversation.
대화 전반에서 보여주신 투명한 소통을 감사히 생각합니다.

It's been a pleasure building mutual trust and understanding through this collaboration.
이번 협업을 통해 상호 신뢰와 이해를 쌓을 수 있어 기뻤습니다.

[Formal]

I value the transparency and open mindset you've shown during our discussions.
논의 과정 전반에서 보여주신 투명하고 열린 태도에 감사드립니다.

- value 소중하게 여기다
- transparency 투명성, 솔직함

[Casual] I really appreciate the trust ~는 함께 쌓은 신뢰를 인정하는 표현이고, aligned not just on terms, but also in mindset는 조건을 넘어 가치관의 일치를 강조합니다. a pleasure building mutual trust는 협업의 결실을 보여줍니다.

[Formal] transparency and open mindset는 공식적인 자리에서 신뢰를 정중히 표현할 때 적합합니다. 결국 협상의 마지막에 남는 것은 관계의 신뢰이며, 그 한마디가 다음 협력의 문을 엽니다.

리얼 비즈니스

이 상황은 프로젝트 협상이 마무리된 직후, 서로 신뢰를 확인하고 관계를 이어가는 장면입니다. Samantha와 David는 단순히 조건 합의에 그치지 않고, 사고방식과 협업 방식에서의 일치를 강조하며 대화를 마무리합니다.

Samantha   Thanks again, David. I really appreciate the trust we've built through this process.
다시 한번 감사드립니다, David. 이번 과정을 통해 쌓은 신뢰를 정말 소중히 생각합니다.

David   Same here. It's great to see that we're aligned not just on terms, but also in mindset.
저도 마찬가지입니다. 조건뿐 아니라 사고방식에서도 같은 방향을 보게 되어 기쁩니다.

Samantha   We're looking forward to building a strong working relationship from here.
이번 기회를 계기로 탄탄한 협력 관계를 이어가고 싶습니다.

And if anything comes up, feel free to reach out directly.
혹시라도 무슨 일이 생기시면 언제든 편하게 연락 주세요.

David   Will do. I'll follow up next week with the updated timeline.
알겠습니다. 다음 주에 수정된 일정을 공유드리겠습니다.

Samantha   Sounds good. Let's keep the lines of communication open moving forward.
좋습니다. 앞으로도 계속 소통하며 함께 가죠.

Culture

악수와 미소, 두 문화의 약속법

협상의 마지막 순간, 서구권에서는 짧은 악수가 모든 것을 마무리합니다. 반면 한국이나 일본에서는 조용한 미소와 함께 "앞으로 잘 부탁드립니다."라는 인사가 남습니다. 표현 방식은 다르지만, 두 문화 모두 '이제부터 관계가 시작된다'는 의미를 담고 있습니다.

서구권의 협상 문화에서는 신뢰가 계약의 결과물로 나타납니다.

약속은 문서로 명확히 정리되고, 계약이 곧 신뢰의 증거가 됩니다. 한 번 합의가 이루어지고 손을 맞잡는 순간, 관계는 완성된 것으로 여겨집니다. 그들은 약속을 문서화함으로써 예측 가능한 질서를 유지하고, 비즈니스 관계를 개인의 감정이 아닌 명확한 구조와 원칙 안에서 관리하려는 경향이 있습니다.

한국과 일본에서는 신뢰가 계약의 출발점에 더 가깝습니다.

계약서를 작성하기 전에 먼저 차를 함께 마시며 상대의 태도와 진심을 살핍니다. 문서보다 사람의 말과 태도를 더 중요하게 여기며, 한 번 신뢰가 쌓이면 공식 절차보다 비공식적인 약속이 더 강한 구속력을 갖기도 합니다.

실제로 통역을 하다 보면 이러한 차이가 자주 드러납니다.

서양 기업 담당자가 Let's finalize the contract today라고 제안하면, 한국 측에서는 "오늘 다 정하기엔 조금 이르지 않을까요? 조금 더 지켜보는 게 좋겠 습니다."라고 답하는 경우가 있습니다. 상대가 믿을 만한 사람인지, 함께할 수 있는 파트너인지 확인하고 싶은 마음이 깔려 있습니다. 서구에서는 명확성이 신뢰를 만들고, 한국과 일본에서는 인간적인 온기와 꾸준함이 신뢰를 만듭니다.

협상은 서양에서는 합의의 종착점이지만, 한국에서는 신뢰의 출발점입니다.

서구권에서 통역을 맡을 때 가장 자주 들은 표현은 "Put it in writing."(문서로 남기죠.)이었습니다. 반면 아시아권에서는 "앞으로 자주 뵙겠습니다."라는 말로 협상이 끝나곤 합니다. 서구에서는 문서로 신뢰를 보증하고, 동양에서는 관계로 신뢰를 이어갑니다. 어느 쪽이 옳거나 그르다고 볼 수는 없으며, 단지 신뢰를 쌓는 방식이 다를 뿐입니다.

memo